고도원의 아침편지
'신영길의 길따라 글따라' 바이칼 여행기

나는 연 날리는 소년이었다

고도원의 아침편지
'신영길의 길따라 글따라' 바이칼 여행기

나는 연날리는 소년이었다

신영길 지음

나무생각

차례

나는 연 날리는 소년이었다 …… 9
겨울의 심장 …… 12
남이 아닌 사람들 …… 17
칭기즈칸의 편지 …… 21
설원을 달리는 철마 …… 26
연어의 귀향 …… 31
야간열차 …… 36
자작나무 …… 41
선생님 …… 47
이르쿠츠크 이야기 …… 51
새벽 숲에서 …… 59
유정 …… 62
성황당 가는 길 …… 67
똥 이야기 …… 70
얼음 바다 …… 75
부르한 바위 앞에서 …… 83
숲 속의 사우나 …… 86
별들의 나라 …… 91
북두칠성 …… 95
아침 …… 98
신의 원고지 …… 103
전화 이야기 …… 106

그는 자유였다······ 113
인당수······ 118
정화수······ 125
취하고 싶은 밤이었네······ 128
밀주 이야기······ 133
영혼 맑은 사람들······ 140
그대는 나의 목마름······ 147
한 여자를 사랑했네······ 150
국경의 밤······ 155
우리를 하나되게 한 것들······ 159
마음을 활짝 열자······ 164
웬만하면 참자······ 168
한 걸음만 빨리 움직이자······ 173
나를 찾자······ 176
혼이 담긴 눈빛으로 바라보자······ 181
눈물을 흘리자······ 191
마무리를 잘하자······ 196
행복 바이러스가 되자······ 202
다시 시작하자······ 207
꿈 너머 꿈······ 214
잃어버린 여행 노트······ 220
맺는 글······ 226

신영길의 '바이칼 여행기'를 함께한 사람들······ 232

ⓒ 김하수

어떤 이는 먼 북소리라고도 하고 또 어떤 이는 제 안의 울림이라고도 하는 부름. 여행의 예감은 그렇게 온다. 철새들의 날갯소리 같은....... 그렇게 떠나는 거다. 먼 하늘을 날아 수만리 떠나온 시베리아의 겨울 철새처럼. 눈 딱 감고 솟아오르는 거다. 아, 내 안의 나를 얼마나 버리면 가볍게 날 수 있을까.

꿈속에서 꿈을 꾸듯 나는 여행 속에서 다시 여행을 떠나고 있었다. 비행기에서 바라본 눈 덮인 몽골 고원

나는 연 날리는 소년이었다

 알 수 없는 일이었다. 꿈속에서 꿈을 꾸듯 여행 속에서 또 여행을 떠나가는 이치가. 비행기가 솟아올라 하늘 너머 하늘에 다다르자 유년으로의 시간 여행이 시작되는 것이었다.
 내 유년의 하루는 이불 속에서 참새소리를 들으면서 시작되었다. 뒤꼍에서 댓잎이 바람에 흔들리면 참새는 신이 나서 더 요란하게 지저귀었다. 댓잎 소리와 참새들 지저귀는 소리가 어우러지면 산 속 겨울의 아침 햇살이 더없이 눈부셨다.
 마루에 놓인 요강에 오줌을 싸며 눈을 반쯤만 뜬 채 밖을 내다보면 온 세상이 하얗게 변해 있었다. 발이 푹푹 빠지도록 눈이 내린 것이다. 초가지붕도 장독대도 빨랫줄도 모두 흰색을 입었다. 우리 동네에 한 번 내린 눈은 겨울 내내 녹지 않았다. 쌓인 눈은 낮에 조금 녹았다가 밤이 되면 다시 얼고 그 위에 눈이 또다시 내렸다.

 눈만 내리는 것이 아니었다. 산으로부터 짐승들과 새들도 동네로 내려왔다. 노루, 토끼, 오소리, 살쾡이, 꿩과 온갖 새들이 몰려온 것이다. 밤낮없이 일만 하시던 어른들도 모두 길로 나왔다. 아이들이랑 개들도 다 튀어나왔다.

 설국雪國이 되면 참새 소리가 더욱 요란했다. 그때는 나도 눈의 나라 시민이었다. 나뿐 아니라 내가 본 사람들은 모두 설국의 시민이었다. 눈처럼 하얗고 눈처럼 눈물 많았던……

 눈이 내리면 소년은 연을 날렸다. 산 너머에 무엇이 있을까 궁금해지면 더욱 높이 띄웠다. 팽팽한 연실을 곱은 손으로 움켜쥐고 실을 풀거나 당기면서 연과 이야기했다. 연이 공중바람을 타고 높디높게 오르면 연실이 모자랐다. 가물가물 보이지 않는 곳에 다다른 연을 이제 어찌할 것인가. 실을 감아 당겨올 것인가, 놓아줄 것인가.

 소년은 연실을 잘랐다. 연을 잃은 소년은 빈 들판에 서서 하늘을 보며 몸이 얼도록 서 있었다. 그날 밤 소년은 연이 되는 꿈을 꾸었다. 바이칼을 향해 날아가는 비행기에서 나는 연실이 잘린 연을 보았다. 소년을 보았다. 나는 연이 되었다.

설국이 되면 모두 눈의 나라 시민이었다. 눈처럼 하얗고 눈처럼 눈물 많았던……. ⓒ 김하수

겨울의 심장

바이칼 명상여행에 대해 들었을 때 처음에는 사실 큰 감흥이 일지 않았었다. 말 귀에 부는 동풍(馬耳東風)이었을까? 여행을 생각할 만한 마음의 여유도 없었거니와 그렇게 온전한 쉼을 위한 여행을 한 번도 해본 적이 없었기 때문이었을 것이다.

그러다가 어느 한가한 날에 무심코 바이칼을 검색해보았다. 시베리아의 진주, 한민족의 시원, 샤먼의 바다, 자작나무 숲, 시베리아 횡단열차…… 귀에 익숙지 않은, 참으로 묘한 여운을 주는 용어들이 싱싱한 활어처럼 튀어나왔다.

그것들이 내 안에 들어와 나를 흔들기 시작했다. 잎사귀만 흔들고 지나가는 바람이 아니었다. 뿌리째 흔들리고 있음을 금방 직감

겨울의 심장을 보고 싶었다. 끝없이 이어지는 고난의 정체는 무엇인지 따져 묻고 싶었다. 시베리아에서는 겨울 바람이 시작되는 곳을 알 수 있지 않을까. 바이칼 호의 얼음

지금 어디쯤에 봄이 오고 있다는 것을 믿지 않는 것은 아니지만, 그러나 나의 겨울은 유독 길었고 또 봄은 항상 더디게 왔다. 탈치 민속박물관 부근의 자작나무 숲길

했다. 나를 끝없이 흔드는 이것의 정체가 도대체 무엇일까? 출퇴근하는 차 안에서도, 잠자리에 누워서도 나는 병을 앓았다.

  20년 넘게 직장생활과 사업을 하면서 일을 떠난 일탈은 거의 없었다고 해도 지나친 말은 아닐 것이다. 그게 어디 나뿐이었으랴. 어찌 보면 생존을 위한 각박한 길이었다.

어려서도 그랬다. 물놀이를 하기 위해 일부러 시냇가에 나가지 않았다. 다슬기를 잡거나 낚시를 하는 김에 잠시 물에서 쉬었을 뿐이다. 산에 수없이 올랐지만 결코 경치를 감상하러 산에 오르지 않았다. 소가 풀을 뜯는 곳이 산 정상일 수도 있었고 계곡일 수도 있었다. 사회에 나와서도 마찬가지였다. 연습 삼아 하는 일은 용납이 되지 않았다. 실전만이 훈련이었다. 내게 연습용 화살은 주어지지 않았다.

그러나 내가 이룬 것은 아무것도 없었다. 이루기는커녕 나는 지금도 삶이 버거워 얼마나 힘들어하고 있는가. 홀로 외로웠다.

그래 안다, 누구에게나 겨울이 있다는 것을. 어둡고 추운 시절, 긴 겨울밤을 지내며 내면의 양철 문 우는 소리를 두려워해보지 않은 사람이 드물 것이라는 것을.

지금 어디쯤 봄이 오고 있다는 것을 믿지 않는 것은 아니지만, 그러나 나의 겨울은 유독 길었고 또 봄은 항상 더디게 왔다.

겨울의 심장을 보고 싶었다. 끝없이 이어지는 고난의 정체는 무엇인지 따져 묻고 싶었다. 겨울은 으레 북쪽 하늘로부터 왔기 때문에 시베리아에 가면 바람이 시작되는 곳을 알 수 있지 않을까, 나는 그렇게 생각했던 것이다.

한때 인류역사상 가장 강대한 제국을 건설했던 몽골은 오랜 중국의 지배와
사회주의 그늘에서 벗어나 역동적인 변화를 겪고 있다. 몽골 울란바토르 기차역

남이 아닌 사람들

　몽골의 울란바토르 공항은 우리나라 작은 도시의 버스터미널처럼 아담했다. 대합실로 나오면서 몽골 사람들을 보았을 때, 내 얼굴에는 웃음꽃이 절로 피었다. 이국 땅에서 나와 똑같이 생긴 사람들을 보자마자 나온 반응이었다. 마치 육칠십 년대에 우리 이웃에 살던 사람들처럼 여겨졌다. 아담한 체구, 튀어나온 광대뼈, 가는 눈, 따스한 눈빛, 느릿한 목소리, 그리고 작은 몸짓, 어느 이국의 공항에서 이렇게 살가운 정겨움을 느껴볼 수 있겠는가.
　우리가 어찌 남이겠는가. 예전에 빙하기를 지난 어느 날, 우리 조상들이 해 뜨는 곳을 찾아 동쪽으로 내려온 이후, 하루라도 이 초원을 잊었겠는가. 찬바람이 몰아쳐가는 설원을 보며 나는 가슴이 뛰었다. 귀를 기울이면 당시 이곳을 지나던 그들의 말발굽 소리가 들려올 것만 같았다.

우리 어릴 적 지도책에서는 나라들을 이념별로 분류한 지도가 있었다. 소위, 빨갱이 나라와 그렇지 않은 나라. 북방 나라들과의 왕래가 이루어진 지 이미 십여 년이 지났건만 나는 아직도 정서적인 장벽을 안에 가지고 있었던 모양이다. 우리가 자라는 동안 빨갱이처럼 무서운 역병疫病이 있었을까. 이른바 58년 개띠로 자란 세대들은 다 안다.

데모와 최루가스와 휴교, 그리고 붙들려가는, 속이 파란 빨갱이들. 이 땅의 젊은이들에게 물감놀이처럼 위험한 일은 없었다. 학교를 졸업하고 회사에서 외국 출장을 갈 때도 공산주의에 물들지 않기 위해 반드시 국가정보원에서 예방주사를 맞았었다. 그래서 나의 북로역정北路歷程은 나이 오십을 눈앞에 둔 지금에야 이루어지게 되었는지 모른다.

이제 몽골은 자본주의에 적응하려고 애쓰는 것 같다. 특히 몽골 사람들에게 있어서 한국은 아주 선망의 땅이라고 한다. 한국을 '무지개의 나라'라는 뜻의 '솔롱고스'라고 한다니 우리나라를 얼마나 아름답게 생각하였으면 그렇게 멋진 이름을 붙였겠는가.

길을 누비는 버스나 승용차는 대부분 우리나라 중고차들이다. 한글로 된 광고 표지나 안내 문구를 그대로 붙이고 달리는 차가 많다. 사람들은 모두 순수해 보였다. 그들의 이름은 아주 길다고 한다. 형용사와 명사가 조합되어 뜻을 이루는, 마치 인디언들처럼 사건을 담아 이름을 짓는다고 한다. 영혼이 맑은 사람들이구나 싶었다.

우리도 조금 더 가난하던 시절에 지금보다 조금 더 순수하지 않았었나, 조금 더 행복하지 않았었나 생각해본다. 사랑한다고 속삭이던 숨결도, 등 뒤에서 터지던 울음소리도 지금보다 더 뜨겁지 않았었겠나?

첫째 날 밤, 우리 일행은 호텔에서 전체 대화의 시간을 가졌다. 칠십여 명의 사람들이 자신과 여행의 목적을 간결하게 소개했다. 10대에서부터 60대에 이르기까지 다양한 사람들이 동행하는 길에서 저마다 사연은 달랐지만 느낌은 같았다.

한 사람, 한 사람의 얘기를 듣는 동안 내 얘기를 하고 있는 듯이 가슴이 울렸고 사연은 절실하기만 했다. 외로운 사람들은 한눈에 서로를 알아보기 마련이다. 우리는 남이 아니었다.

몽골 사람들은 집단으로 꿈꾸는 것 같다. 영화롭고 찬란했던 그 시절의 재현을 꿈꾸는 사람들.
수흐바토르 광장

ⓒ 김하수

칭기즈칸의 편지

 몽골 사람들은 좋고 귀한 것에는 칭기즈칸이라는 말을 붙이는 것 같다. 공항도 칭기즈칸 공항이고 호텔도 칭기즈 호텔이다. 돈에도 칭기즈칸이 있고 보드카에도 맥주에도 칭기즈칸의 이름이 붙어 있다.
 몽골 국립박물관에서 칭기즈칸을 만났다. 칭기즈칸의 방에 테무친이 왕이 되던 당시의 모습을 재현해두었다. 인자하게 웃고 있는 작은 체구의 왕은 조용히 앉아 있었다. 8백 년의 시간을 두고 동방에서 온 나그네들에게 이렇게 말하는 듯했다.

 너무 막막하다고, 그래서 포기해야겠다고 말하지 말라.

나는 목에 칼을 쓰고도 탈출했고,

땡볕이 내리쬐는 더운 여름날 양털 속에

하루 종일 숨어 땀을 비 오듯이 흘렸다.

뺨에 화살을 맞고 죽었다 살아나기도 했고,

가슴에 화살을 맞고 꼬리가 빠져라 도망친 적도 있었다.

나는 전쟁을 할 때면 언제나 죽음을 무릅쓰고 싸웠고,

그래서 마지막에는 반드시 이겼다.

무슨 말이 더 필요한가.

극도의 절망감과 죽음의 공포가 얼마나 큰 힘을 발휘하는지 아는가?

나는 사랑하는 아내가 납치됐을 때도,

아내가 남의 자식을 낳았을 때도 눈을 감지 않았다.

숨죽이는 분노가 더 무섭다는 것을 적들은 알지 못했다.

나는 전쟁에 져서 내 자식과 부하들이 뿔뿔이 흩어져

돌아오지 못하는 참담한 현실 속에서도

절망하지 않고 더 큰 복수를 결심했다.

군사 1백 명으로 적군 1만 명과 마주쳤을 때에도

바위처럼 꿈쩍하지 않았다.

숨이 끊어지기 전에는 어떤 악조건 속에서도 포기하지 않았다.

나는 죽기도 전에 먼저 죽는 사람을 경멸했다.
숨을 쉴 수 있는 한 희망을 버리지 않았다.

나는 흘러가 버린 과거에 매달리지 않고
아직 결정되지 않은 미래를 개척해 나갔다.
알고 보니 적은 밖에 있는 것이 아니라 내 안에 있었다.
그래서 나는 그 거추장스러운 내 안의 적들을 깡그리 쓸어버렸다.
나 자신을 극복하자 나는 칭기즈칸이 되었다.

김종래, 《밀레니엄맨 칭기즈칸》

세월이 흐르는 사이 제국은 사라져갔고 영웅의 이름도 잊혀져 가고 있었다. 그러나 시대가 어지러울수록 영웅을 그리워하게 되는가. 새로운 밀레니엄을 앞둔 시점에 워싱턴포스트에서는 '지난 천 년의 역사에서 인류 문명사에 가장 중요한 인물은 누구인가?'라는 흥미 있는 기사를 실었다.

그들이 뽑은 사람은 바로 칭기즈칸이었다. 그가 이룩한 개인적인 성취나 제국의 영토 확장보다는 전체 인류 역사에 미친 영향력 때문이었다.

몽골 기병들이 유럽을 흔들기 전까지 그들은 봉건영주제의 안락한 울타리에서 잠자고 있었다. 몽골 제국에 부가 축적되며 서양

몽골의 오보(성황당)에서 만난 전통 복장의 몽골인 가족

과 동양 간에 길이 뚫리고 통행이 자유로워지자 모험가들은 가만 있지를 못했다. 상인, 외교관, 종교인 그리고 탐험가들은 상품과 이야기들을 실어 나르기 바빴다. 나침반, 화약, 인쇄술이 서양으로 유입되었다. 마르코 폴로가 중국을 다녀간 후 그가 전한 이야기는 수많은 탐험가들의 가슴을 달구었고, 그 중에는 콜럼버스도 있었다. 그는 이슬람의 벽에 부딪혀 육로로 가지 못하고 바닷길을 따라 인도로 가기로 했다. 그러다가 신대륙을 발견하게 되었고 인류는 가장 커다란 전환점을 맞이하게 된 것이다.

몽골 사람들은 집단으로 꿈꾸는 것 같다. 영화롭고 찬란했던 그 시절의 재현을 위해 꿈꾸는 사람들, 그러나 꿈을 이루기에 아직은 좀 멀어 보인다. 오히려 같은 몽골계로서 우리 한민족이 그 꿈의 실현에 가깝게 다가와 있지 않나 하는 생각이 든다. 말을 달려 땅을 넓히는 시대가 아니라, 정보통신의 도구들을 타고 사이버 세계를 누비는 현대의 유목사회에서 대한민국이 세계의 리더로서 웅비하는 꿈. 칭기즈칸 앞에서 그 생각에 젖었다. 한 작가의 입을 통해 칭기즈칸의 목소리가 들려오는 듯하다.

"나 자신을 극복하자 나는 칭기즈칸이 되었다."

설원을 달리는 철마

칭기즈칸과 헤어진 후 점심을 먹고 울란바토르 역으로 이동했다. 시베리아 횡단열차는 광활한 대륙을 횡단하는 기차이기 때문에 우리네 기차보다 크기가 우악스럽게 생겼고 키도 컸다. 네 명이 함께 쓰는 2층짜리 침대차이다. 열차 한 칸에 7, 8개의 방이 나란히 붙어 있고 학교처럼 복도가 길게 뚫려 있다. 우리 일행은 아예 객차 두 칸을 통째로 빌렸기 때문에 안전을 걱정할 일도 없이 편안하고 즐거웠다.

우와, 드디어 시베리아로 가는구나!

열차가 서서히 움직이기 시작하자 모두 복도로 튀어나와 차창 밖에 펼쳐지는 설원을 보며 탄성을 질렀다. 이제 24시간을 달려

시베리아행 횡단열차에 24시간 갇혀 있다 보면 인생은 기차여행이라는 말에 공감하게 된다. 한번 타면 앞으로만 나아갈 뿐 되돌릴 수도 중간에 내릴 수도 없다. 기차에 몸을 맡기는 수밖에. 운명처럼.

이르쿠츠크까지 간다. 나무 한 그루 없는 언덕이 계속 이어진다. 간간이 게르(몽골 유목민의 전통가옥)와 축사, 그리고 풀이 그리운 소나 말이 보였다가는 사라진다. 마치 반복해서 돌아가는 필름처럼 단조로운 풍경이다.

몽골의 평원엔 험준한 산도 나무도 없다. 기껏해야 낮은 언덕이요, 들판이며 작은 강만 있을 뿐, 천지사방이 광활하게 드러나 있다. 요새도 성도 없다. 이런 환경에서는 적이 언제 들이칠지, 내가 어디로 달려가야 할 것인지, 항상 긴장하고 경계하기 마련일 것이다. 그래서 그들은 바람을 뚫고 지평선을 바라볼 수 있도록 좋은 시력을 갖추게 되었고, 본능적으로 속도를 최고의 기본기로 익혀 온 '질주족'이 된 것이다.

사람들은 이제 모두 각자의 방으로 들어가 가방 정리를 마치고 여행의 정취를 느껴보려는 듯, 방방마다 노래가 들리기도 하고 웃음이 터져 나오기도 하고 술잔을 부딪기도 한다.

우리도 마주앉아 얘기를 나누었다. 서너 시간이 훌쩍 지나자 지루해졌다. 그래서 저녁을 먹었다. 3단으로 된 도시락이다. 소풍 가서 까먹는 그 맛이다. 그리고 또 얘기했다. 지평선 너머로 해가 빠르게 사라지더니 어둠이 노을마저 슬쩍 지워버린다. 고단함이 느껴져 2층 침대로 올라와 누웠다. 몸은 피로로 흐느적거리는데 정신만은 별처럼 빛난다.

기차의 흔들림에 맞추어 내 의식도 흔들린다. 물고기가 꼬리치며 나아간다. 살고 있던 바다를 떠나 강물을 거슬러 자기가 태어난 곳으로 돌아간다는 연어가 되어, 나는 어둠 속을 헤엄쳐 나아가고 있었다.

연어는 수천 킬로미터를 헤엄쳐서 태어난 곳으로 돌아간다. 수만 년의 역사를 거슬러 우리 조상들이
떠나 왔다는 바이칼을 찾아가면서 우리는 그렇게 연어가 된 느낌이었다. 알혼 섬을 오가는 바지선에서

연어의 귀향

　연어의 유랑은 태어나기 전, 알에서부터 시작된다. 어미가 시냇가의 상류에 알을 낳고 수정한 후 모래나 자갈로 덮으면 알이 흐르기 시작한다. 흐르면서 치어가 된 연어는 큰 강으로 이동하여 강에서 산다. 강을 떠날 때가 되면 생리적인 변화가 일어난다. 바다에 나갈 준비가 되는 것이다.

　연어는 삶의 대부분을 바다에서 보낸다. 그러다가 고향의 작은 실개천을 찾아 수천 킬로미터를 헤엄쳐 돌아오게 된다. 강어귀에 이르러서는 다시 강물에 적응하기 위한 생리적 변화를 겪게 되고 산란할 준비를 한다.

　강으로 흘러 들어오는 수많은 작은 시내 중에서 어떤 것이 고향으로 가는 줄기인지를 예민한 감각을 이용해 정확히 구별해 찾아가게 된다. 화학성분들이 거의 차이가 없는데도, 연어는 고향의 시냇물을 구별하는 능력을 갖고 있다는 것이다.

수천 킬로미터를 헤엄치는 동안 때로는 폭포를 거꾸로 오르기도 하고 장애물을 뛰어넘기도 하면서, 마침내 자신이 태어난 고향의 시내에 도착하면 짝을 찾고 산란한 후, 유랑의 삶을 마치게 된다.

이처럼 철저하게 설계되어 있는 연어의 생애가 단지 진화의 결과로만 생겨날 수 있었을까. 그것이 아니라면 수천 킬로미터의 바다로 나가 다시 고향으로 정확히 돌아오는 이들의 능력은 어디에 있단 말인가.

바이칼을 생각하면서 나는 연어가 된 느낌을 갖게 되었다. 민족의 시원을 찾아 수만 년의 역사의 숨결을 따라가는 연어가 되었다. 어느 해였던가, 설날의 귀향이 생각나 웃음이 났다.

총각이던 때였다. 명절인데도 뜬금없이 집에 가지 않기로 작정했다. 특별한 이유가 있었던 것이 아니었다. 신입사원이었기 때문에 회사 일이 바쁠 처지도 아니었다. 연인이랑 어디 여행 갈 일이 있었던가. 그것도 아니다. 나는 그때 외로움이 뼛속 깊이 저미는 고통으로 밤마다 고래고래 신음을 내지르던 때였다.

명절이면 한 번도 빼먹지 않고 소풍처럼 즐겁게 집에 다녔었는데, 그때는 무슨 몹쓸 병이 났던 게 분명했다. 오기 같은 것 있잖은가? 아이들이 학교 가기 싫으면 배가 아픈 척한다든지 하는 그런 투정……. 나는 아마 그때 잘 풀리지 않는 내 인생에 대하여 투정을 부리고 있었던 거였다. 반란을 도모했던 것이다.

어떻게 곧이 말할 수 있었으랴. 집에다가는 일이 바빠서, 내가 아니면 안 될 일이 갑자기 생겨서라고 말했던 것 같다. 귀한 자식이 회사에서도 잘 나가는 모양이라고 여기신 어머니는 바빠서 오지 못하는 나를 대견스럽게, 또 애처롭게 생각하셨을 것이다.

도시에 살던 촌 사람들이 모두 떠나버리자 도시는 텅 빈 것 같았다. 나는 술을 마시기 시작했다. 그리고 각본대로 우울해지기 시작했다. 돌아갈 곳이 없다는 것은 얼마나 쓸쓸한 일인가. 사람들은 저마다 머리 누일 곳으로 돌아가고 새들도 바람의 나라로 돌아가고 이제 나만 홀로 남아 있구나. 이 가련한 놈은 넓은 하늘 아래 어디서 밥 한 끼나 얻어먹을 수 있을까? 나는 더욱 청승맞을 궁리를 해가면서 술을 퍼마셨다.

아침에 일어났으나 밥 먹을 곳이 없었다. 식당 문은 닫히고 대부분의 가게가 문을 열지 않았다. 거리를 한 바퀴 퀭한 눈으로 둘러보고 나서 허겁지겁 택시를 잡아탔다. 운전사를 재촉하여 터미널로 와서 곧바로 고속버스를 탔다. 아직도 술에서 깨어나지 않은 채 버스는 달렸고 나는 곯아떨어진 채 한 번도 깨지 않았다.

내게 못질했던 이들을 내가 **용서해준** 것 같이 **내가** 못질했던 이들의 아픔을
어루만져주시고 나의 죄를 용서해주소서. 그리고 **사랑하게** 하소서. 내 가슴에
사랑이 **넘치게** 하소서.

ⓒ 김하수

야간열차

취하는 것도 괜찮겠다 싶어 시작한 술에 내가 구슬처럼 작아졌다. 열차가 흔들리는 줄 알았더니 지나온 내 생애가 흔들리고 있었다. 창밖을 더듬느라 눈이 아렸다. 바람에 갇힌 시베리아 열차 안에서 외로움과 동행하고 있다. 이제 밤은 깊다.

열차는 작은 한숨소리 한 점을 토해내고 간이역을 지나고 있다. 사는 것은 때로 어디로 가고 있는지를 잊은 채 몸을 맡기게 되는 야간열차와 같은 것. 나는 지금 내 삶의 어디쯤을 지나고 있는 것일까.

기차를 타보기 전에 나는 기적소리부터 듣고 자랐다. 집으로부터 사십여 리 바깥을 지나는 기차는 비 내리기 전, 특히 날씨가 궂

기차를 타보기 전에 나는 기적소리부터 듣고 자랐다. 사랑을 알기 전에 그리움은 그렇게 자랐다.
이르쿠츠크 역의 시베리아 국제열차

은 날이면 슬픈 목을 길게 뿜어 나를 들뜨게 했다. 사랑을 알기 전에 그리움은 그렇게 자랐다.

  나는 기차를 좋아했다. 특히 야간열차를 좋아했다. 혼자서 떠났다. 기차도 나를 좋아한다는 것을 알고 있었다. 야간열차를 타고 바다에 갔고, 입영열차를 타고 군대에 갔다. 논산훈련소에서 배출되던 날도 우리는 야간열차에 더블백과 함께 몸을 실었다. 차창 밖으로 던져진 담뱃불처럼 나의 청춘은 어둠 속에서 스러져갔다.

  눈발을 낳으려는 것인지 어둠이 더 짙어진다. 그랬으면 좋겠다. 하얀 눈송이 흩날리는 밤이었으면 좋겠다. 망설임 없이, 하나도 숨기는 것 없이, 그냥 네 삶에 날아 들어가 녹아버리는 눈송이같이 흩날리는 삶이었으면 좋겠다.

꽁꽁 언 바이칼 호 수심 이십 미터 아래는 표면의 온도에 영향을 받지 않는 따뜻한 물이 흐르고 있다.
바이칼 호에서 물을 긷는 사람들

맑은 하늘과 하얀 설원을 배경으로 펼쳐진 자작나무 숲, 시베리아는 끝도 없이 연출되는 빛의 파노라마였다.

자작나무

열차에서 아침을 맞았다. 대자연의 숨결이 느껴지는 풍광이 아름답게 펼쳐지고 있었다. 구름 한 점 없이 맑은 하늘, 폭포수처럼 쏟아지는 햇살과 시리도록 하얀 설원, 그리고 자작나무 숲……. 끝도 없이 연출되는 빛의 파노라마였다. 나는 오랜 세월 동안 자작나무를 그리워했었다. 자작나무 숲을 마주하면서 옛날 애인을 만난 듯, 가슴이 뜨거워졌다.

그러니까, 고등학교 시절이었다. 교과서에 실렸던 정비석의 〈산정무한山情無限〉에서의 한 토막 글귀로부터 시작된 그리움이 신열身熱처럼 나를 떠나지 않았다. "비로봉 동쪽은 아낙네의 살결보다도 흰 자작나무의 수해樹海였다." 자작나무에 대한 그리움은 물론 아니었다. 이성異性에 대한 동경이었다. 시작은 그랬다.

"설자리를 삼가, 구중심처九重深處가 아니면 살지 않는 자작나무는 무슨 수중樹中 공주公主이던가!" 여학생 교복만 보아도 오금이 저리던 시절인지라, 상상이란 것이 밑도 끝도 없이 펼쳐져 자작나무에게로 옮겨온 정념의 불은 마침내 자작나무 숲에 이르렀고, 그 위에 달도 뜨고 눈도 내렸다. 바람이 불고 꽃도 피었다. 자작나무는 내 청춘의 전설이 되었다.

군대에 갔던 때의 일이다. 논산 훈련소에서 장기판의 졸만도 못한 처지의 훈련병으로서 청춘을 담금질하던 시절이었다. 같은 훈련병 동기 중에 산정무한을 노래처럼 낭송하던 친구가 있었다. 절규에 가까운 웅변이었다. 목이 터져라 제 배를 움켜쥐며 울부짖었다. 자작나무 숲에서 포효하는 발정한 늑대 같았다.

"비로봉 동쪽은 아낙네의 살결보다도 흰 자작나무의 수해였다." 이 대목부터 시작했다. 거세돼버린 듯 살아가는 청춘들에게 그것은 필시 웅장한 진혼곡이었고 나 대신 목 놓아 울고 있는 지하수 같은 속울음이었다.

울며 소맷귀 부여잡는 낙랑 공주의 섬섬옥수纖纖玉手를 뿌리치고 돌아서 입산할 때에 대장부의 흉리胸裏가 어떠했을까? …… 고작 칠십 생애에 희로애락을 싣고 각축하다가, 한 움큼 부토腐土로 돌아가는 것이 인생이라 생각하니, 의지依支 없는 나그네의 마음은 암연暗然히 수수愁愁롭다.

정비석, 〈산정무한〉

나는 자구 하나, 쉼표 한 점도 놓치지 않고 되뇌었다. 자나깨나 그랬다. 담배 맛이 그리 달 수가 없었다.

몇 달 전에 우연히 글 하나를 접하게 되었다. 시인 안도현의 〈자작나무를 찾아서〉였다.

"따뜻한 남쪽에서 살아온 나는 잘 모른다 / 자작나무가 어떻게 생겼는지를" 이렇게 시작된다. 허허, 자작나무…… 나는 웃었다. 질긴 인연이다, 싶었다.

도대체 어떻게 생긴 나무일까? 여인의 살결을 그리워했던 것만큼이나 내 가슴속에서 오랫동안 살아 있던 그 나무를, 나는 왜 여태 한 번도 보지 못하였을까? 아니, 보았어도 알아채지 못하였을 것이다. 잊혀진 옛 애인의 이름을 생각해낸 것처럼 나는 뜬금없이 몸에 조급증이 일었다. 밀린 전철 안에서였다.

"그 높고 추운 곳에서 떼지어 산다는 / 자작나무가 끝없이 마음에 사무치는 날은 / 눈 내리는 닥터 지바고 상영관이 없을까를 생각하다가 / 어떤 날은 도서관에서 식물도감을 뒤적여도 보았고 / 또 어떤 날은 백석과 예쎄닌과 숄로호프를 다시 펼쳐보았지만 / 자작나무가 책 속에 있으리라 여긴 것부터 잘못이었다."

아, 추운 지방에서 자라는 나무였구나. 닥터 지바고에 나오는 시베리아의 숲이 바로 자작나무 숲이었구나. 설원을 달리는 마차의 뒤로 보이던, 늑대의 울음이 살아 있다는 시베리아의 그 숲……그랬구나.

> 내가 자작나무를 그리워하는 것은 자작나무가 하얗기 때문이고
> 자작나무가 하얀 것은 자작나무숲에서 일하는 사람들이
> 때 묻지 않은 심성을 가졌기 때문이라고
>
> 친구여, 따뜻한 남쪽에서 제대로 사는 삶이란
> 뭐니뭐니해도 자작나무를 찾아가는 일
> 자작나무숲에 너와 내가 한 그루 자작나무로 서서
> 더 큰 자작나무 숲을 이루는 일이다.
>
> 안도현, 〈자작나무를 찾아서〉, 《외롭고 높고 쓸쓸한》

마침내 자작나무 숲에 온 것이다. 그리고 만난 것이다. 내 안에서 자라온 자작나무를 이제야 눈으로 보고 있는 것이다. 황홀하여라. 빛의 유혹에 타는 자작나무의 하얀 속살이여. 오래된 나의 그리움이여.

황홀하여라. 빛의 유혹에 타는 자작나무의 하얀 속살이여. 오래된 나의 그리움이여. ⓒ 김하수

바이칼 호에서 가장 깊다는 하보이의 얼음 위에서　　　ⓒ 이라영

선생님

　이번 여행에 동행한 사람들 중에는 직업이 선생님인 분들이 많았다. 내가 속한 조만 해도 선생님이 네 명 있었고, 학생이 세 명 그리고 장사꾼인 나 이렇게 여덟 명이었다. 어머니가 계신 곳을 집이라 하듯 선생님이 계신 곳이면 어디라도 학교라 할 수 있지 않을까. 그래서인지 분위기가 따스했고 서로 꿈 얘기를 많이 나누었다. 마치 학교에서처럼.
　나는 선생님을 무척 좋아했다. 특히, 중학교 때 선생님들을. 어머니는 항상 바쁘셨기 때문에 세상에 눈 뜨는 것을 선생님에게 의지했던 것일지 모르겠다. 진실로 질투를 느끼지 않는 사람 관계가 부모와 자식 말고 사제지간이 아닐까.

내가 여행을 편안한 마음으로 즐길 수 있었던 데는 선생님들이 주변에 많았기 때문이었을지도 모른다. 어머니, 하고 부르는 것만으로도 가슴에 강이 흐를 수 있는 때가 있는 것처럼 나에겐 선생님도 그런 느낌이었다.

앎이 많은 선생님도 있고 어진 선생님도 있고 예쁜 선생님도 있었지만, 예쁜 선생님이 기억에 많이 남는다. 중학교 때 국어 선생님은 대학을 졸업하자마자 신임 발령을 받아 오신 어린 선생님이셨다. 작은 몸매와 가녀린 목소리 그리고 안개가 그윽한 눈이 얼마나 예쁘셨는지 모른다. 고동색 만년필을 항상 갖고 다니셨는데 그 손이 또 얼마나 작았던지.

목소리가 하도 얇고 가늘어서 말이 입을 나오는 순간 자음과 모음이 따로따로 해체되어 공중에 흩어지는 것 같았다. 그래서 말소리가 아직 붙어 있을 때 들으려고 선생님의 입술을 많이 보게 되었고 뜻을 헤아리기 위해 선생님 눈 속으로 들어가야만 했다.

작은 손으로 어찌나 글씨를 잘 쓰시던지, 나는 그때부터 선생님 글씨체를 흉내내기 시작했다. 그 덕분인지 사실 자랑 같지만, 글씨를 제법 썼다. 그때는 그랬다, 펜글씨로. 이후에 대가리 좀 굵어지면서 멋을 부리려고 건방을 떨다가 그만 아름다운 글씨체를 잃어버렸다. 그래서 지금은 글씨체가 엉망이다. 돌이켜보면 내 삶이 어지러워지기 시작했던 것도 그 무렵이 아니었나 싶다.

교과서에 황순원의 〈소나기〉가 있었다. 그날 선생님께서는 수업이 시작되자마자 우리에게 눈을 감으라고 하시더니 천천히, 마치 라디오 드라마처럼 톤을 바꾸어가며 감정을 가득 넣어 처음부터 끝까지 읽으시는 것이었다. 초반에 좀 산만했는데, 선생님 목소리로 드라마가 전개되면서 우리는 영화 같은 소설에 푹 빠졌다. 마침내 마지막 장면에 들어섰을 때 나는 완전히 숨이 막혀버리고 말았다.

"그런데 참, 이번 계집앤 어린 것이 여간 잔망스럽지가 않아. 글쎄, 죽기 전에 이런 말을 했다지 않아? 자기가 죽거든 자기 입던 옷을 꼭 그대로 입혀서 묻어 달라고……."

끝까지 읽으신 선생님은 한 마디 말도 없이 교실을 나가셨다. 소녀도 가고 선생님마저 가버리니 소년만 홀로 남아 얼마나 야속하던지. 이후로 지금까지 그만한 감동을 주는 이야기가 없었던 것 같다.

내가 죽 그 선생님을 가슴에 담고 살아왔었지만 이후로 한 번도 뵙지 못했는데, 참 고맙게도 선생님과 꼭 닮은 분이랑 이번 여행을 함께하게 되었다. 세상에는 그런 일도 있었다…….

데카브리스트(러시아 혁명가)의 무덤이 눈에 덮여 있다. 즈나멘스키 수도원

이르쿠츠크 이야기

 열차는 오후가 되어서야 이르쿠츠크에 도착했다. 몸은 피곤하고 정신도 나른했지만 들뜬 마음으로 인해 발걸음만은 가벼웠다. 고풍스런 건물들로부터 격조 높은 삶의 양태를 느낄 수 있었다. 레닌 거리 근처에 있는 베치니 아곤('영원의 불' 이란 뜻. 제2차 세계대전에 참전했다 희생한 전몰용사를 기리는 불꽃으로 사시사철 꺼지지 않는다)을 구경한 후 앙가라 강으로 갔다.

 어느 나라에 왕이 있었다. 아들을 336명 두었고 딸 하나가 있었다. 예쁜 딸의 배필은 이미 아버지가 정해둔 터였다. 그러나 하늘의 뜻은 달랐던 것일까, 누군가가 공주에게 접근하여 다른 남자 얘기를 했다. 공주는 새로운 남자에 대한 그리움으로 몸이 달았다. 그리고 가출을 감행하게 되었다. 뒤늦게 눈치 챈 아버지가 말리며 달아나는 딸의 치맛자락을 잡았으나 한 번 떠난 딸의 마음을 잡기에는 역부족이었다. 비정하게도, 달아나는 딸에게 왕은 바위를 던졌고 공주는 죽어가면서도 사모의 눈물을 흘렸다.

왕은 바이칼 호이고 공주는 앙가라 강이다. 그리고 왕이 던진 바위는 부르한(샤먼) 바위이다. 336개의 강으로부터 유입된 물이 유일하게 앙가라 강 하나로만 유출된다. 사랑을 찾아 도망치는 앙가라 공주의 마음처럼 물 흐름이 매우 빠르다. 열정적인 공주였기 때문일까, 겨울이 되어도 강은 얼지 않는다. 도망치는 공주를 숨겨주고 싶었던 것인지 늘 안개가 자욱하다.

이르쿠츠크 사람들은 강 주변 공원과 산책로를 거닐며 앙가라 강에 대한 사랑을 즐긴다. 강의 열정에 영향을 받은 탓인지 이곳 사람들은 결혼과 이혼을 여러 번 한다고 한다. 이르쿠츠크의 여인들은 아름답다. 자작나무처럼 큰 키에 복숭아꽃처럼 뽀얀 피부를 가졌다. 유럽형 미인처럼 우람한 글래머가 아니라 귀엽고 소담스럽다.

시베리아의 파리로 불릴 만큼 이르쿠츠크가 아름다운 도시로 가꾸어진 데는 또 다른 이야기가 있다. 러시아를 침공한 나폴레옹의 프랑스군을 쫓아 프랑스까지 나아갔던 젊은 장교들은 자유스러운 분위기에 크게 감명을 받고 자신들의 조국 러시아의 처지를

중앙에 유형을 떠난 남편 발콘스키를 찾아 시베리아로 온 트루베츠카야 여인의 사진이 보인다.
데카브리스트 기념관에 전시된 사진

돌아보게 된다. 귀족의 자제들이었던 그들이 일반 시민을 위하여 위로부터의 혁명을 도모하게 된 것이다. 이들을 '데카브리스트(12월이란 뜻의 러시아 어)'라 일컫는다. 그러나 애석하게도 혁명은 실패하고 피의 응징을 받아야 했다. 1825년 12월의 일이다.

일부는 죽고 나머지, 약 120명은 시베리아로 유형流刑을 가게 된다. 그곳이 이르쿠츠크였다. 문제는 홀로 남게 된 부인들이었다. 그들에게 선택권이 주어졌다. 귀족의 신분을 유지하면서 재혼을 하거나 아니면 다 버리고 남편을 찾아가거나. 여기서 다 버린다는 것은 귀족의 신분을 버려야 하고, 재산을 버려야 하고, 자식을 버리는 것을 의미했다. 그리고 영하 40도가 넘는 엄동설한의 머나먼 길을 마차에 의지하여 수십 일간의 여행을 해야 했다. 11명의 부인들이 남편을 찾아왔다고 한다.

형을 마친 그들이 이르쿠츠크에 남아 수준 높은 문화와 교육의 도시로 발전시킨 것이다. 그들이 살던 집과 당시의 사진이 후세에 전해져오며 아름다운 사랑의 얘기를 전하고 있다. 이 같은 전형적인 유배지의 이야기는 실제로 러시아 문학의 배경이 되었다. 데카브리스트 중 한 사람인 발콘스키의 친척이었던 톨스토이가 이 이야기를 배경으로 《전쟁과 평화》를 쓰게 되었고, 푸슈킨도 데카브리스트들의 친구였다고 한다. 그 당시에 썼다는 푸슈킨의 시를 옮겨본다.

삶이 그대를 속일지라도

슬퍼하거나 노하지 말라!

우울한 날들을 견디면

믿으라, 기쁨의 날이 오리니

마음은 미래에 사는 것

현재는 언제나 슬픈 것

모든 것은 순간적인 것, 지나가는 것이니

그리고 지나가는 것은 훗날 소중하게 되리니

푸슈킨, 최선 옮김, 〈삶이 그대를 속일지라도〉

내 마음의 안과 밖을 무시로 드나들다가 결국 너에게로 돌아오는 것이 여행이다. 과거
와 현재와 미래가 자유로이 흐르며 공존하는 것이 어떻게 가능해지는 것인지, 여행은
가히 마법이다.

자작나무 숲에서는 시로써 말할 일이다. 맑은 언어로 기도하는 겨울나무가 되어볼 일이다.
그 가지 위에 앉은 작은 새가 되어볼 일이다.

새벽 숲에서

 이르쿠츠크 교외의 숲 속 통나무집에서 잤다. 통나무의 향과 빛깔이 참 편안한 느낌을 준다. 마치 나무 안에 들어가서 동면하고 있을 유충처럼 곤하게 잤다. 그리고 다른 사람보다 조금 일찍 잠에서 깼다.
 하늘을 보니, 눈 쌓인 자작나무 숲길에 쏟아지는 새벽 별빛이 시냇물처럼 흐른다. 숲의 정령들이여, 그대의 세계로 들어서려는 나그네의 영혼을 맞아주소서. 바람소리 한 점 없이 고요한 새벽 숲으로 간다.
 겨울나무, 세상에 이렇게 맑은 언어로 기도하는 존재가 또 있을까. 구겨지지 않은 마음의 길이 어디 더 있을까. 그 몸 안에 천년의 강물이 흐를까.

자작나무 숲 눈길을 걸으면 아궁이에서 타는 콩대궁 소리가 난다. 밤이 이슥하도록 삶을 두드리는 우리 어머니 다듬이질 소리가 난다.

별 하나에 추억과
별 하나에 사랑과
별 하나에 쓸쓸함과
별 하나에 동경과
별 하나에 시와
별 하나에 어머니, 어머니

윤동주, 〈별 헤는 밤〉

자작나무 숲에서는 시詩로써 말할 일이다. 신목神木 삼아 하늘에 닿아볼 일이다. 나무가 되어볼 일이다. 가지 위에 앉아 있는 새가 되어볼 일이다. 스스로의 철을 분별할 줄 아는 숲이 되어볼 일이다.

얼마쯤 갔을까. 눈 덮인 바이칼 호숫가에 집 한 채가 보인다. 저런 집이 아니었을까.

"믿는 벗, N형. 나는 바이칼 호의 가을 물결을 바라보면서 이

글을 쓰오."라고 시작하며, 최석이 친구 N에게 마지막 편지를 썼던 곳이, 끝내 사랑하는 연인의 얼굴을 보지도 못한 채 숨을 거두었던 곳이, 사랑하는 사람의 뒤를 따라 생을 마감하였을 정임이의 넋이 있는 곳이. 1932년도에 발표되었던 이광수의 소설 《유정》 말이다.

유정

　여덟 살에 부모를 잃고 고아가 된 정임은 아버지의 친구 최석의 집에서 살게 된다. 최석은 중학교 교장선생님이요, 교회 집사였다. 마침 같은 또래의 딸, 순임이도 있어서 둘이는 잘 지낼 수 있었다. 정임은 공부도 잘하고 마음씨도 착하다. 곧 순임과 순임 어머니의 질투가 시작되었다. 미움은 자신을 먼저 태우고 또 상대를 태우기 마련이다. 그럴수록 정임이 더욱 불쌍하기만 하다, 최석은.
　정임은 학교를 졸업하고 일본으로 유학을 떠났다. 세상에 의지할 곳이라고는 아무 데도 없던 정임에게 최석은 아버지요, 스승이요, 그리고 사모하는 대상이 되었다. 자신의 가슴에서 싹트는 사랑의 감정을 일기장에 그려오던 정임이 폐결핵으로 입원하게 되

이루어질 수 없는 사랑으로 괴로워하던 최석은 바이칼 호 근처, 눈 덮인
숲속의 집에서 눈을 감는다. 그리고 정임은 그 집에 홀로 남는다.

고, 최석이 일본으로 날아가 수혈을 해주고 돌아온다.

　질투심에 불타던 최석의 아내와 딸 순임은 두 사람의 관계를 의심하게 되고 정임의 일기장을 훔쳐 읽는다. 의심이 정신질환으로까지 악화된 아내가 그 사실을 불륜으로 폭로하자 최석은 학교를 그만두고 집을 떠난다.

　고국을 떠나고 세상을 떠날 결심으로 모든 것을 다 정리하고 난 후였다. 그러고는 일본의 한 병원에 누워 있던 정임을 찾아가서 만난다. 최석의 한 마디 한 마디를 절절하게 듣던 정임이 최석에게 무슨 일이 있음을 눈치 채게 된다.

　두 사람은 마침내 부둥켜안고 흐느낀다.

　"어디라도 저를 데려가주세요."

　매달리는 정임을 차갑게 밀어낸다. 아버지요, 스승인 자신이 딸 같은 애를 데리고 가다니 아니 될 말이다.

　하지만, 사랑하는 임 없이는 살지 못할 것 같은 정임이 간절하게 애원한다.

　"아버지, 제발 죽지만 말아주세요."

　높은 도덕률과 이성으로 항상 자제하며 살아왔고, 사회의 존경을 받아온 최석은 지금 자신에게 일어나고 있는 상황을 받아들이지 못하겠다. 주체할 수 없이 일어나는 사랑의 감정에 정신을 가눌 수가 없으니, 이게 어찌된 일이란 말인가. 나의 어디에 이렇게 불 같은 열정이 숨어 있다가 순식간에 폭발하여 타오른단 말인가.

　이것은 반란이다. 나에 대하여 또 다른 내가 혁명을 일으킨 거다. 가자, 가다가 진이 다하여 쓰러질 때 그곳에서 땅을 파고 영원히 잠들자. 정임을 그리워하는 마음은 스러지기는커녕 더욱 간절해갔다. 최석의 여로는 시베리아를 거쳐 바이칼에 다다른다.

　그곳에 머물며 친구 N에게 편지를 쓴다. 아무래도 진실을 밝히고 떠나야 할 것 같아서였다. 편지를 읽은 친구는 마침내 최석의 진실을 알게 되고 가족을 찾아가 설명한다. 딸 순임이 정임과 함께 바이칼로 떠난다. 그러나 최석을 쉽게 찾지 못한다.

　정임은 폐결핵이 재발하여 여행을 계속할 처지가 못 되었으므로 바이칼 호수 근처의 민가에 머물고 순임만이 눈 덮인 숲을 헤매다 아버지를 찾게 된다. 숲 속에 집 한 채를 얻어 홀로 살아가던 최석은 이미 병들어 생명이 위독한 상태였다. 연락을 받은 정임도 마침내 최석의 집에 도착한다. 그러나 최석은 이미 눈을 감은 후였다.

　친구 N과 딸 순임은 집으로 돌아갔지만 정임은 홀로 그곳에 머문 채 떠나지 않는다. 그리고 이후의 이야기는 아무도 모른다.

누가 무슨 사연으로 걸어두게 된 소망들일까. 언제부터 타오르고 있는 기도의 불꽃이었을까.
부리야트 족들이 소망을 담아 나뭇가지에 걸어둔 천들이 바람에 흩날리고 있다.

성황당 가는 길

이른 아침부터 부산하게 움직였다. 이르쿠츠크를 떠나 알혼 섬으로 가는 길이 멀기 때문이었다. 가는 도중에 우리 민족이랑 유사하다는 브리야트 족의 자치주를 통과하기로 되어 있었다. 브리야트 족의 성황당에 잠시 들른다는 것이다.

시베리아 평원은 초원과 숲이 번갈아 나타난다. 초원 지대에서는 나무가 살지 못하는 것인지 아니면 일부러 나무를 심지 않는 것인지, 초원과 숲이 경계가 확연히 구분되어 있었다.

한참을 달린 후에야, 언 차창에 아침 해가 붉게 번져오고 있었다. 성냥불처럼 작았다.

조금 지루해진다 싶었더니, 누군가가 한 사람씩 자기가 좋아하는 것을 말하고 아울러 노래 한 곡씩 부르자고 제안했다. 노래를 부른 사람은 다음 사람을 지명하기로 했다. 이것이 단체여행의 맛이었다. 일행이 부른 노래 중에 이런 곡이 있었다.

"자, 이제 안녕하며 돌아서야지. 마치 아무 일도 없던 것처럼."
배인숙의 〈사랑스런 그대〉였다. 벌써 이별을 준비하자는 것인지⋯⋯ 노래를 들으며 가슴이 싸하게 아파왔다. 슬픈 노래를 그다지 슬프지 않게 담아내는 목소리가 고왔다. 나는 마술에 걸린 듯이 이 노래를 여행 내내 흥얼거리며 다녔다. 하나도 슬프지 않은 것처럼.

사실 백설희의 〈봄날은 간다〉를 부르고 싶었지만 가사에 자신이 없어 부르지 못했다. 성황당이랑 딱 맞았었는데⋯⋯ 노래방 중독자의 탄식이다.

"연분홍 치마가 봄바람에 휘날리더라. 오늘도 옷고름 씹어가며 산제비 넘나드는 성황당 길에, 꽃이 피면 같이 웃고 꽃이 지면 같이 울던, 알뜰한 그 맹세에 봄날은 간다."

성황당에 도착했다. 우리네 고향 동네에 있던 그 옛날의 성황당처럼 나뭇가지에 헝겊이 주렁주렁 열렸다. 나무에 대한 경외심은 브리야트 전통의 중요한 부분이라고 한다. 영적 존재의 처소라고 믿기 때문이다.

크고 아름다운 나무가 많은 곳이어서 그런 나무를 숭배할 줄 알

앉더니만, 작고 평범한 나무를 신목神木으로 사용하는 것 같았다. 하기는, 너무 잘나고 큰 나무는 제값을 하느라 속이 실하지 못하다는 것을 영혼이 맑은 이곳 사람들이 모를 리 있겠는가.

　나뭇가지에 매달린 헝겊들을 본다. 누가 무슨 사연으로 걸어두게 된 소망들일까. 언제부터 타오르고 있는 기도의 불꽃일까. 색이 바랜 채 얼어 있다. 헝겊에 호, 하고 입김을 쏘여준다.

　꼭 말로 표현하지 않아도 간절한 소망이 있으면 그것이 기도이듯이, 헝겊을 매달든 바람이 헝겊을 흔들든, 그래서 헝겊이 닳아 없어지고 소망이 이루어지든 혹은 소망이 이루어지지 않는다 해도 크게 상관하지 않을 일이다. 기도하는 것만으로 그 마음에는 등불 하나 이미 켜졌을 테니까. 자신은 물론이고 세상은 고만큼 따스해졌을 테니까.

　왜, 그대를 볼 때마다 이토록 간절해지는 것이며 생각만 해도 기도가 되는 것인지…… 나그네 길에서 얻은 수심愁心 때문에 나도 소망 하나를 걸어두고 돌아섰다.

　언젠가 이 길을 지나는 객客이 있어, 내 소망의 잎사귀에도 호, 하고 입김을 쏘여주면 좋겠다. 어머니가 상처입은 어린 나에게 호, 하고 불어주셨듯이. 그리고 나면 상처는 씻은 듯이 낫고, 새날이 밝아오면 속살이 가득 돋아 올랐듯이.

똥 이야기

똥 이야기를 좀 하려고 한다.

세상에 아름답고 귀한 소재가 얼마나 많은데 하필이면, 하는 생각에 여러 번 망설였지만 굳이 이 얘기를 하고 싶은 이유는, 그곳에 쭈그리고 앉아 참으로 아름다운 생각을 많이 했기 때문이다. 바이칼은 정말 묘한 곳이다. 시간과 장소에 관계없이 감흥을 솟구치게 하니……

오래전에 우리 시골에서 본 것과 똑같은 재래식 측간이었다. 판자를 얽어서 벽을 치긴 했지만, 사실 안에서는 밖에 있는 사람을 다 내다볼 수 있었다. 화장실 안에 있는 나는 행복했지만 밖에 있는 사람들은 고통스러워 보였다.

겨울 똥들은 마치 동안거에 들어간 양 얼어 있었다. 어떻게 하면 다른 사람에게 냄새를 풍기지 않을지를 그 똥들은 알고 있었던 것이다. **성황당 근처 화장실**

바람이 얼마나 시원하게 불어오는지, 쭈그리고 앉아 항문과 엉덩이에 시원한 바람 한번 쏘여주고 나니 무슨 큰 은전이라도 베푼 양 뿌듯했다. 아, 이게 얼마 만이냐, 젠장, 이렇게 시원하게 똥을 싸본 것이. 하고 노래하는 것 같았다. 항문이.

울분만 터뜨리고 속 시원히 말도 못 하는 입보다야 사실 백 번 낫지 않는가. 그래, 시원하게 내질러라. 소리가 좀 섞인들 어떠냐. 세월아, 도대체 네가 그동안 내 속을 얼마나 썩였기에 똥이 이렇게 부드러워졌느냐, 이렇게 곰삭았더란 말이냐. 응? 이놈아. 이 똥만도 못한 놈아.

똥 탑을 쌓았다. 당신이 쌓아놓은 똥 위에 내 똥이 쌓였다. 몸을 섞은 것이다. 섞여서, 아예 하나가 되어버린 것이다. 그 누구도, 그 무엇도 이들의 결합을 훼방하지 못하도록 굳게 붙어버렸다.

김이 모락모락 피어오른다. 관능이 숯불처럼 탄다. 자운영 꽃 논두렁을 지나는 뱀이다. 꾀꼬리 울음소리 길게 누운 5월의 보리밭이다. 별똥을 별이라 부르듯 내 똥도 나라고 부른다. 별똥을 별이라 부르듯 당신 똥도 당신이라고 부르겠다. 똥들이 화해하였듯이 우리들도 언젠가 화해하는 날이 있겠지. 뜨겁게 다가오겠지, 그날이.

내 똥이라서 더욱 그러했겠지만 냄새가 전혀 피어오르지 않았다. 사실은 당신의 똥에서도 냄새가 나지 않았다. 냄새라니…….

코에 무슨 문제가 있어서가 아니라 겨울 똥들은 모두 동안거에 들어간 양, 얼어 있기 때문일 것이다. 어떻게 하면 다른 사람에게 냄새를 풍기지 않을지 그 똥들은 알고 있던 것이다.

요즘 닭들은 무정란을 낳고, 내 삶의 날들은 대개 씨 없는 시간을 보내기도 하지만, 꽁꽁 언 그곳에서 본 똥들은 결코 헛되이 사라지지 않을 것 같았다. 불멸의 똥으로 빛날 것이다. 내 기억 속에 아름답게 자리하고 있을 것이다.

참으로 오랜만에 해우소로의 화려한 여정이었다.

바이칼의 얼음 위를 달린다. 이렇게 광대한 얼음나라를 본 적이 있었던가. 알혼 섬 가는 길

얼음 바다

 알혼으로 가는 선착장에서 차를 바꿔 탔다. 군용 승합차 같다. 마침내 얼음 위에 섰다. 벅차오르는 감회를 어찌 표현할 길이 없다. 바이칼의 얼음 위를 달린다. 이렇게 광대한 얼음나라를 본 적이 있었던가. 태곳적 공기를 호흡해본 적이 있었던가. 누구의 작품이던가, 이 아름다움은. 대자연에 대한 감동 때문에 한동안 입을 열지 못했다. 앞도 뒤도 얼음이요, 좌도 우도 얼음이다. 뭐라 형용할 수가 없다는 생각에 스스로 초라해질 따름이다.

 뜨거운 감격이 사위어가자 곧이어 엄습해오는 것은, 그것은 두려움이었다. 얼음이 깨질까 봐 두려운 것은 물론 아니었다. 날씨가 추워서도 아니다. 눈보라가 흩날리고 광풍이 휘몰아쳐 접근하기 어려울 줄 알았는데 절대 침묵, 그곳에 절대 고독만이 있었던 것이다. 절대 순결만이.

그 '절대'라는 말의 위압감이 나를 묶고 있는 듯하였다. '절대' 앞에서 나는 한없이 작아지고 있었다.

뜨거운 것일수록 더 단단한 얼음이 된다. 그렇다면 그대는 얼마나 펄펄 끓는 젊음이기에 이렇게 처절한 수행을 하고 있단 말인가. 바늘 하나 들어갈 틈 없이 자신을 스스로 봉해버리고 꿈쩍도 하지 않는 얼음바다. 바람도 없다. 시간도 정지되었다.

빈틈을 보이면 안 된다. 구멍 하나라도 보이면 녹는다. 무너진다. 산맥을 이루라. 울음 울지 마라. 하얗게 웃어라.

외침이 나에게로 향했다. 너는 뭐냐, 왜 그렇게 가볍게 살아왔더냐, 왜 그리 마구 흔들렸더냐. 침묵할 줄 몰랐더냐, 겁이 많았더냐, 잔병이 많았더냐, 투정이 많았더냐, 엄살이 심했더냐.

가끔 고향을 찾아 어머니 앞에 서면 문득 내 삶이 부초浮草와 같다고 느껴지는 때가 많았었다. 단지 어머니와 눈 한번 마주치고 마당 한번 둘러보고 고향의 공기 한번 크게 들이켰을 뿐이었는데, 그게 고작인데도 말이다.

깨우침을 얻는 성소聖所란 곳이 따로 있는 것일까. 바이칼에 와서 보니 내 삶이란 것이 부초는커녕 먼지만도 못하다. 왜 이러는 것인지 모르겠다. 눈물이 나왔다. 뜨겁게 흘렀다.

나는 여기에 왜 왔는가. 그랬다. 끝없이 이어지는 고난의 정체는 무엇인지, 따져 묻고 싶었다. 누구에게 따져야 할지 몰라, 눈을 감았다. 마음이 차분히 가라앉았다. 문득, 꿈을 꾸듯이 나는 한 장면을 떠올리고 있었다. 환상이 펼쳐지고 있었다.

어떤 사람이 있었다. 그는 의로운 사람이었다. 신神을 경배하고 사람을 사랑하며 재물을 관리할 줄 아는 사람이었다. 어느 날, 그에게 고난이 닥쳐왔다. 자식을 모두 잃고, 재산을 잃고, 건강을 잃었다. 주변 사람들의 시선도 싸늘해졌다. 아내도 마찬가지였다. 그는 신에게 따졌다. 왜, 나에게 이런 고난을 주시는지 그 이유를 말해달라고, 이럴 바에는 차라리 죽여달라고 항변했다. 제발 죽여달라고. 제발……

폭풍우 속에 신이 나타나셨다.

네가 누구이기에 무지하고 헛된 말로써 내 지혜를 의심하려 하느냐.

너는 내가 묻는 말에 대답하여 보아라.

눈을 쌓아둔 창고에 들어가본 일이 있느냐.

우박 창고를 들여다본 일이 있느냐.

얼음바다에 가본 적이 있느냐.

왜 그 많은 것들을 준비하여 두었는지 네가 알겠느냐.

해가 뜨는 곳에 가본 적이 있느냐.

동풍이 시작되는 곳에 가본 적이 있느냐.

쏟아진 폭우가 시내가 되어서 흐르도록 개울을 낸 이가 누구냐.

천둥과 번개가 가는 길을 낸 이가 누구냐.

얼음은 어디에서 나왔으며, 하늘에서 내리는 서리는

누가 만들었느냐.

물을 돌같이 굳게 얼리는 이, 바다의 수면도 얼게 하는 이가

누구냐.

하늘을 다스리는 질서가 무엇인지 알겠느냐.

너는 대답하여 보아라.

〈욥기〉 38장 중에서

빈틈을 보이면 안 된다. 구멍 하나라도 보이면 녹는다. 무너진다.
산맥을 이루라. 울음 울지 마라. 하얗게 웃어라.

ⓒ 김하수

바이칼에 와서 보니 내 삶이란 것이 우조지 지닌 만석만도 못하다. 나는 뭐냐 ... 내 기법에 갇혀있다. 엄살이 심했다. 침묵할 줄 모았다.

약 이천오백만 년 전쯤 생성되었을 것으로 추정되는 바이칼은 태고의 신비를 간직한 채 지금도 왕성하게 활동하며 면적을 넓히고 있다. **부르한 바위 주변 바이칼 호**

부르한 바위 앞에서

 부르한 바위는 가장 영기靈氣가 센 성지라 한다. 바로 코앞에서 부르한 바위를 보며 우리는 명상 수행에 들어갔다. 언덕에 불어오는 바람이 무척 차갑다. 추위가 뼛속 깊이까지 스며드는 것 같다.
 바이칼의 하늘은 맑고 푸르렀지만 이제 햇살은 열기를 잃고 호수를 빨갛게 물들이며 지고 있었다. 체조를 하고 호흡법을 배웠다. 몸이 풀려야 마음도 풀리는 것인가. 인도자가 "참나를 보라."고 하였다.
 "자신의 마음을 짓누르고 있는 미움을 내려놓으십시오. 원망과 적의를 털어버리십시오." 조용조용히 이어지는 주문은 거부할 수 없는 명령으로 울려왔다.

그러나 나는 명상이 잘 되지 않았다. 마음이 고요해지지를 않았다. 큰 물결, 잔물결이 끊임없이 일었다가 밀려갔다. 훈련이 필요한 것이로구나. 그렇더라도, 명상이 처음이라 하더라도 이 장엄한 자연 속에서라면, 더욱이 정기가 서려 있다는 부르한 바위 앞에서라면……. 조급증이 일었다. 비우기는커녕 아직 가슴의 못 하나도 빼어내지 못하고 있었다.

다시 시작해보자. 아무 의도 없이 내 안에서 일어나는 생각을 바라보자. 기억과 아픔과 두려움을 바라보자. 나를 둘러싸고 있는 것들은 과연 무엇인지, 내 안에서 일어나는 그리움과 사랑을 바라보자. 무엇을 갈구하고 있는 것인지.

겨우 미움의 뿌리를 찾아냈지만 못은 빠지지 않았다. 빼려고 할수록 아프기만 했다. 바위처럼 굳어진 가슴에 뿌리 내린 채 그대로 내 삶이 되어버렸나 보다. 못을 내 몸으로 알고 살아왔나 보다. 그랬나 보다.

일부러 없애려고 애쓰지 마라. 하나의 느낌이 일어날 때, 좋다 하여 붙잡거나 좇지 말고 싫다 하여 외면하거나 거부하지 말고, 일어나면 일어나는 대로, 사라지면 사라지는 대로, 오면 오는 대로, 가면 가는 대로 느낌 자체를 그대로 인정하고 알아차리며 바라보라.

징이 울렸다. 못이 다시 보였다. 휘어진 뿌리까지도 전부 보였다. 몸으로부터 못이 분리되었다. 빠진 못을 보았다. 가슴의 못 자국을 보았다. 아팠다. 너무 아파서 울었다. 못을 지닌 채 살아온 세월이 가련해서 울었다. 내게 못질했던 사람을 위해서도 울었다.

 이제, 내게 못질했던 이들을 내가 용서해준 것 같이 내가 못질했던 이들의 아픔을 어루만져주시고 나의 죄를 용서하여주소서. 사랑하게 하소서. 내 가슴에 사랑하는 마음이 넘치도록 회복시켜주소서. 불쌍히 여겨주소서. 부디 내 사랑을 이루어주소서. 몸이 봄 언덕처럼 따뜻해졌다.

 눈을 떴을 때, 이미 해는 지고 어둠이 바이칼을 덮고 있었다. 하얀 달이 중천에 흐르고 있었다. 징이 울렸다.

숲 속의 사우나

 러시아식 통나무 사우나를 했다. 방법은 이러하다. 사우나 안에 있는 아궁이에 장작을 직접 때고, 물통이 벌겋게 달아오를 때 물을 쏟아 붓는다. 그러면 뜨거운 증기가 용솟음쳐, 온 통나무 방을 뜨겁게 데워버린다. 그 순간은 숨이 막힐 지경이다. 순식간에 땀이 쏟아져 흐른다. 이때 자작나무 잎으로 상대방의 몸을 두드려준다. 안마도 하고 자작나무향도 몸에 바른다. 끝.

 아, 땀이 흐른다. 땀구멍이 열릴 때마다 시원함을 느낄 수 있다. 참, 잘 흐른다. 굳게 닫혔던 문을 모두 열고 물을 쏟아내는 장마철의 수문水門이다. 강이다. 오픈 하우스다. 여학교 기숙사의 문을 열어 공개하는 날이다. 짜릿하여라.

ⓒ 김정국

아궁이에 장작을 때고 물통이 벌겋게 달아오르면 그 위에 물을 쏟아 붓는다.
뜨거운 증기가 온 통나무 방을 뜨겁게 데운다. 러시아식 사우나 반야 얼어붙어 있던 성性에 불을 지핀다. 네 안에서 활활 타고 있는 그것은 무엇이냐. 꿈틀거리는 것은 원초적 욕구가 아니더냐. 순결한 사랑이 아니더냐. 사실일까. 사랑은 모든 것을 초월한다는 말이. 이루어질 수 없는 사랑은 없다는 말이. 정말 그럴까. 다시 타오를 수 있을까.

'밝힘증'이 아름다운 후배 녀석은 사우나를 이렇게 정의했다. "땀을 흘리는 첫째 목적은 그것이죠, 간지럽게 하는 것." 알싸하다. 자신을 스스로 가렵게 하는 것. 제 몸을 보고 황홀해하는 것. 관능의 기름을 태우는 것. 야성을 회임하는 것. 늑대울음 소리를 보듬어 보는 것. 아, 간지럽다. 귀밑도 간지럽고, 목덜미도 간지럽고, 옆구리도 간지럽고 그리고 ······.

삼월에 눈이 오면

샤갈의 마을의 쥐똥만 한 겨울 열매들은

다시 올리브빛으로 물이 들고

밤에 아낙들은

그 해의 제일 아름다운 불을

아궁이에 지핀다.

김춘수, 〈샤갈의 마을에 내리는 눈〉, 《김춘수 시선집》

아름다운 아낙들 아니더냐. 사랑이란 관념이 아니잖은가. 추상이 아니잖은가. 사랑이란 그런 것 아니겠느냐. 내가 가진 그것으로 너에게 보시하는 것. 너 가진 그것으로 나에게 보시하는 것. 이제 물처럼 살아라, 흘려보내며 살아라, 땀처럼 쏟아버리며.

아, 바람처럼 몸이 가볍다. 하늘에 별이 가득하다. 눈 덮인 자작나무 숲에 쏟아지는 별빛이 눈부시다. 나무가 흔들릴 때마다 가지로부터 눈이 흩어진다. 마치, 사랑하는 님을 찾아 숲을 헤매는 한 여인의 그림자가 지나가는 것 같다.

해가 지자 신비스러울 만치 아름다운 황혼을 잠깐 보이고는
이내 칠흑과 같은 암흑으로 덮이고 만다. 알혼 섬에서 본 바이칼의 석양

별들의 나라

 가자. 끝없는 광야로 한없이 가자. 가다가 내 기운이 다하는 자리에서 내 손으로 모래를 파고 그 속에 몸을 묻고 숨어버리자. 살아서 다시 볼 수 없는 연인의 이데아를 안고 이 깨끗한 시베리아에서 죽어버리자.
 광야를 향해 나아갔다. 지는 해를 향하여 한없이 걸었다. 바람 한 점, 소리 한 음절 없다. 해가 지평선 뒤로 뚝 떨어지고 나자 대기의 자줏빛은 남빛으로 변한다. 오직 해가 들어간 자리에만 주홍의 여광餘光이 있을 뿐 눈앞에서 남빛 안개가 피어오르는 듯하다.
 아, 그러나 광야의 황혼은 너무도 짧구나. 해가 지자 신비스러울 만치 아름다운 황혼을 잠깐 보이고는 이내 칠흑 같은 암흑으로 덮이고 만다. 어둠 속에서 호수가 태어난다. 무슨 빛을 받아서 은빛으로 빛나는 것인지 호수는 홀로 뿌옇게 자신을 드러낸다. 그 수면에 정임의 얼굴이 어른거린다. 정임의 눈도 어른거리고, 코도 번득거리고, 입에 미소도 피어난다.

"정임이!"

혹시 정임이 죽어서 몸은 동경 병원에 벗어버리고 혼이 빠져나와 물에 비치고 있는 것은 아닐까. 비틀거리면서 호숫가로 가까이 가자 정임이 사라져버린다.

"정임이! 정임이!"

소리쳐 불러도 대답이 없다.

하늘에 별이 가득하다. 이 끝없이 큰 우주에 수많은 별들이 제자리를 지키고 제 길을 지켜서 서로 부딪지도 아니하고 끝없이 긴 시간의 질서를 유지하는 것을 보면, 이 우주에는 어떤 주재하는 뜻, 섭리가 있는 것일까 하고 생각해본다.

아름다운 질서. 그러나, 우주 삼라만상이 아름답다고 하더라도 사람의 마음에서 일어나는 것만큼 아름다울 수 있으랴. 어찌 당할 수 있으랴.

사랑이란, 그리움이란, 얼마나 애틋하고 아름답고 신비스러운 것인가. 아무리 예쁜 꽃이라도 아무리 용맹스런 호랑이라도 다른 어떤 존재라도 그런 마음과 사랑의 열정이 있겠는가, 저 자신을 태우는 불꽃을 안에 지닌 것이 어디에 있는가. 아, 나를 태웠으면, 사랑의 불꽃에 타 죽었으면.

"정임이! 정임이!"

별빛을 타고 별들의 나라에 오르며 춤을 추기 시작한다.

실신한 듯이, 만족한 듯이, 절망한 듯이…….

별이 자작나무 위에 올라 손을 쭉 뻗으면 쉬 닿을 듯이 가까이에서 빛난다.
내 삶은 별빛 하나를 사랑하기에도 괴롭고 버거운 것이었을까. **자작나무 숲의 통나무 집**

ⓒ 김하수

북두칠성

바이칼에 와보면 안다. 북두칠성이 바이칼 바로 머리 위에 있다는 것을. 하늘이라도 어찌 갈증이 없을까, 목마르면 바이칼 물을 떠 마시려고 하늘이 거기에 국자를 걸어두었다는 것을.

예전에 할머니는 나를 위해 칠성님께 기도하셨다. 그때는 칠성님을 많은 신 중의 하나로만 여겼지, 설마 바이칼 위에 떠 있는 북두칠성일 줄은 몰랐었다. 할머니가 돌아가셔서 칠성판에 몸을 누이고 하늘로 가셨을 때도 설마 그것이 북두칠성을 타고 가시는 길인 줄은 몰랐다.

별이 참 가까이에서 빛난다. 자작나무 위에 올라 손을 내밀면, 쉬 닿을 듯하다.

세상에는 영원히 소유할 수 있는 것이라곤 없는 것 같다. 우리가 가까이할 수 있는 것을 가진 것으로 착각할 뿐. 사랑도 그렇고 재물도 그렇고 별도 그렇고…… 다 그런 것 아닐까.

하늘을 이렇게 오랫동안 올려다본 지가 언제였는지 모르겠다. 어렸을 때는 사람마다 자신의 별이 있다고 믿었던 적이 있었다. 그때는 내 별은 크고 아름답게 빛나는 별이었으면 좋겠다고 생각했었다.

별을 많이 보던 날은 별이 되는 꿈도 꾸었었다. 별이 되어 별나라에서 사는 꿈이었다. 그러나 나이가 들면서 별을 잊고 살았다. 그동안 내 별은 나를 얼마나 찾았을까. 한 번도 바라봐주지 않는 나를 얼마나 안타까워했을까. 하지만 나의 삶은 별빛 하나를 사랑하기에도 괴롭고 버거운 것이었다. 나는 늘 그렇게 핑계를 대고 엄살을 부렸다.

> 오래오래 별을 바라본 것은 반짝이는 것이 아름다워서가 아니라 어느 날 내가 별이 되고 싶어서가 아니라 헬 수 없는 우리들의 아득한 거리 때문이었습니다.
>
> 안도현, 〈그대에게 가는 길〉, 《그대에게 가고 싶다》

별을 보면서 소원을 빌었다. 이제는 내 별이 크고 아름답기를 원하지 않는다고, 다만 내 별이 사랑하는 그대의 별 가까이에 붙어 있으면 좋겠다고, 좀더 가까이……. 이 땅 위에서 바라는 것은 그게 다이고 더 이상 없다고, 우리 할머니가 모셨던 칠성님에게 빌고 또 빌었다.

그대를 보지 않아도 나 그대 곁에 있다고
하늘에 쓰네
그대 오지 않아도 나 그대 속에 산다고
하늘에 쓰네

내 먼저 그대를 사랑함은
더 나중의 기쁨을 알고 있기 때문이며
내 나중까지 그대를 사랑함은
그대보다 더 먼저 즐거움의 싹을 땄기 때문이리니

고정희, 〈하늘에 쓰네〉, 《아름다운 사람 하나》

아침

질주의 아침이다.

무한경계의 얼음 들판을 달려 바이칼 중에서도 가장 깊은 심연을 향해 나아간다. 아직 해가 떠오르기 전이건만 호수는 백자처럼 밝다. 얼음 위에서 끊임없이 물결치는 눈가루들로 인해 호수가 온통 하얗다. 하늘에서 내리지 않아도 바이칼에는 늘 눈이 흩날린다. 신부의 면사포다. 눈가루가 얼음 위에서 한없이 나부끼고 있기 때문이다. 해가 떠오르고 있는 것인지 사위四圍가 조금씩 더 밝아지고 있다.

얼음 바다는 마치 하얀 천으로 단장해놓은 천상의 무대 같다. 안으로는 천 길의 물이 뜨겁게 흐르고 있을 이 얼음 나라에서 맞

얼음 위에서 흩날리는 눈가루들로 인해 호수가 온통 하얗다.
마치 하얀 천으로 단장해놓은 천상의 무대 같다.

는 아침은 내 생애의 가장 정精한 아침임에 분명하다. 가장 맑고 가장 정결하고 가장 아름다운 아침…… 절대자의 숨결이 내 영혼에 접하는 듯한 황홀함이 온몸을 휩싼다. 내 마음도 호수처럼 고요해진다. 신비스럽다. 호수와 내가 마침내 하나가 된 것인가, 마음이 지극히 평온하고 넓어진다.

현지인 운전수가 옆 좌석에 앉은 나를 쿡쿡 찌른다. 눈짓으로 가리키는 쪽을 바라보니, 해가 떠오르고 있다. 눈이 부셔서 똑바로 바라볼 수가 없다. 해는 없고 빛만 있다. 빛의 향연이 벌어지고 있다. 레이저 쇼…….

너무 요란스럽지 않게, 너무 화려하지 않게, 너무 뜨겁지 않게 모든 물상들이 가장 저다울 수 있도록, 눈은 가장 눈다워지고 얼음은 가장 얼음다워지도록, 사람은 가장 사람다워지도록, 너는 너다워지고 나는 나다워지도록, 모든 것들이 가장 아름다운 모습으로 보여지도록, 빛의 양과 빛의 두께와 빛의 세기와 빛의 빛깔과 빛의 뜨거움이…… 조화롭게.

영혼이 맑은 운전수는 미리 준비해두었던 음악을 울리기 시작한다. 풍광에 음악이 닿자마자 마치 영사기에 전원이 연결된 듯, 접신이라도 된 것처럼 기억 속의 사람들이, 영화 속 명장면들이 설원에서 춤추기 시작한다.

닥터 지바고도 있고, 러브 스토리도 있고, 백야도 있고, 타이타

닉도 있고…… 눈을 뜨고도 이런 환상을 볼 수 있다니, 눈을 감지 않고서도 꿈을 꿀 수 있다니.

감동이 극에 달하면 머릿속은 오히려 단순해져버리는 것인가. 지금 나는 한 마디 말밖에는 생각나지 않는다. 숫제 벙어리다. 그 생각 한 점이 부풀어 머리에 가득하다. 가슴에 차오른다. 귀에 울린다. 내 온몸을 돌아 울리고 난 후, 호수 가득히, 설원 가득히, 하늘 가득히 울려 퍼진다. 대자연의 합창이 빛의 쇼와 더불어 끝없이 이어진다.

오, 사랑이여!

이런 곳에서 그대와 함께 사랑의 춤을 출 수 있다면, 우리의 사랑이 이렇게 자유로울 수 있다면, 황홀하게 타오를 수 있다면, 영원할 수 있다면, 이 아침처럼…….

내 사랑이여!

얼음 위에 누워 눈을 감는다. 이대로 잠들었으면, 나 자신이 신의 원고지가 될 수 있다면……. ⓒ 이라영

신의 원고지

만약 신이 글을 쓰신다면 아무래도 산문이 아닌 시를 쓰실 것 같다. 그것도 간단명료하고 어린아이라도 이해할 수 있는 쉬운 말로. 글을 억지로 아름답게 써보려고 허둥대다 보면…… 때론 절망하게 된다. 말은 내 마음이고 느낌이며 삶을 비추는 거울이다. 말이 거칠어지고 과장되어가는 것은 그만큼 내 마음이 황폐해진 까닭이다.

신이 시로 글을 쓸 것 같다는 생각은 시가 우리를 위로하고 희망을 주기 때문이다. 시詩는, 즉 '말(言)의 사원(寺)'을 뜻한다. 말의 성스러운 장소라는 뜻이다. 시에서 쉼을 얻고 정화되어 다시 태어난다는 의미인 것 같다.

시인은 눈물이 많은 사람이다. 눈물로써 생명의 씨를 뿌리는 시인들이 우리 곁에 없었다면 우리 가슴은 지금보다 훨씬 메마르고 차가워졌으리라.

아름답지 않은 것은 감동을 주지 못한다. 그러나 우리 안에 아름다움이 있을 때라야만 아름다움을 보고서 아름답다고 느낄 수 있게 된다. 아름다움을 느끼는 순간 우리는 누구라도 시인이 될 수 있다.

바이칼에서는 우리 안의 아름다움이 회복된다. 눈도 귀도 가슴도 마음도 회복된다. 그래서 바이칼에서는 누구라도 시인이 될 수 있다.

어떤 이는 사월의 지리산 신록新綠에만 시를 쓰고 어떤 이는 구월의 바다에만 시를 쓴다지만 신은 어디에 시를 쓰실까. 언제, 무슨 내용을 쓰실까.

나는 정말 잘 모른다. 하지만, 바이칼에 와본 사람은 이런 생각을 해보았으리라……. 겨울, 눈가루 하얗게 춤추는 얼음 위에, 아침에 해 떠오르기 전 하루 중 가장 아름답게 밝은 때, 따스한 고요 속에서, 맑은 물로 쓰실 거라고, 사랑을 쓰실 거라고. 사랑 외에는 아름다운 것은 없고, 사랑만큼 감동적인 것이 없으므로.

꼭 바이칼 위에다만 쓰지는 않으실지도 모르겠다. 하기야 신이 지으신 것 중에 아름답지 않은 것이 어디 있으랴. 바이칼에 왔다고 하여 그렇게까지 우기고 싶은 맘은 없다. 이제 곧 집으로 돌아갈 텐데, 여기에 왔다고 해서 지나치게 허풍 떨지 말자. 신은 모든 만물을 사랑하심을 믿으므로.

그래, 아름다운 자연이라면 그 어느 곳에라도 시를 쓰신다고 치자. 그러나…… 그러나 시를 다 쓰고 난 후 신은 그 많은 시들을 어디에 보관할까. 혹시 서재 같은 창고가 필요하지 않을까. 만약 그렇다면 그런 곳이 있다면, 어디일까. 절대로 썩지 않는 곳, 하늘과 가까운 곳, 별빛이 가득한 곳…… 그래, 얼음 성城에 맡기지 않으실까. 바이칼 말이다, 시의 창고.

그곳에 내가 있었다, 거룩한 곳 바이칼에. 눕고 싶었다. 바다처럼 누웠다. 눈을 감았다. 이대로 잠들었으면, 나 자신이 신의 원고지가 될 수 있다면…….

내 사랑 노래를 그대에게 쓸 수 있다면, 그대의 손이, 그대의 입술이, 그대의 가슴이, 그대의 마음이 나의 원고지가 될 수 있다면. 나 또한 그대를 위해 하얀 여백이 되어줄 수 있다면…….

오, 사랑하는 이여!

전화 이야기

여행 내내 뭐랄까, 자유라고 해야 하나…… 그랬다, 자유를 즐 겼던 것 같다. 자유로움에 푹 젖어 있었던 것 같다. 우리에게 자유 시간이라는 것은 밤늦은 시간 말고는 없었으니까 사실 몸은 하루 종일 여행 일정에 매여 있었다. 그런데도 마음은 자유를 누렸다. 편안했고, 근심 걱정 한 오라기 없었다. 살아 있는 사람에게 어찌 걱정이 아예 없을 수 있을까마는 마음이 고이지 않았던 것이다. 그까짓, 뭐 어떻게 되지 않겠어…….

길을 떠날 때는 가지고 갈 것이 있고 버리고 갈 것이 있는 것 같 다. 여행 중인 7박 8일 동안 전화를 한 번도 하지 않았다. 인터넷 도 마찬가지였다. 그야말로 연실 끊긴 연이 되어 '접속불가' 모드

돌이켜보면, 전화기 성능이 좋아질 때마다 그만큼 우리의 삶이 더 복잡해져왔던 것은 아닐까 싶다.
이르쿠츠크 기차역 앞 공중전화

로 지냈다. 전에는 한 번도 이런 적이 없었다.

　아침에 눈을 뜨자마자 이메일 확인으로 하루를 시작하는 마당에, 과연 괜찮을까 걱정이 되었었다. 회사일 때문이었다. 결론부터 말하면, 괜찮았다. 쓸데없는 우려였다. 아니, 얼마나 잘 되었는지 모른다. 모처럼 전화기로부터 해방되어 자유를 되찾은 것이.

　단순하게 살고 싶었던 게로구나. 예비군 훈련 받는 날은 몸이 좀 귀찮기는 해도 옛날 졸병 근성 죄다 나오듯이, 그래서 내심 기분이 좋아 밤늦도록 그 자유를 안주 삼아 술 마시고 싶었던 것처럼, 이렇게 비문명인으로 돌아가 옹골지게 외로워지고 싶었던 게로구나.

　힘들었던 게로구나. 사용하지 않는 기능까지 모두 값을 지불해야 했던 최신형의 휴대폰을 들고 다니기가 버거웠던 게로구나. 다른 사람들보다 많이 뒤처져 있는 것은 아닌지, 하며 속을 앓았던 게로구나.

　돌이켜보면, 전화기 성능이 좋아질 때마다 그 만큼씩 우리의 삶이 좀더 복잡해져왔던 것은 아닐지 모르겠다. 세상 일이 자로 잰 듯이 꼭 그러하랴마는, 그게 전화기 탓일까마는…… 예전에는 좀더 자유롭게 살던 시절이 있었다. 좀 불편했지만 견딜 만했던…….

　70년대 중반, 시골의 우리 동네에 전화가 처음 들어왔다. 다이 얼 없는 검정 전화기 말이다. 주막집에 설치된 우리 동네 '대표 전화'가 울리면 앞산 포플러 나무에 매단 스피커를 통해 전화 걸려온 사람의 이름이 호명되었다. 논밭에서 다들 토끼 귀 쫑긋하며 스피커를 향해 허리를 폈고, 이어서 밭둑이나 골목에는 죽도록 달리기하는 사람이 나타났다, 전화 받으러……. 그러나 정작 전화기를 들고 이야기할 때면 숨이 차서 말도 제대로 못했다.

얼마쯤 지나자 집집마다 전화기가 놓였다. 이따금씩 전화가 오면 라디오, TV, 온갖 소리는 다 죽여야 했다. 닭도 쫓아버리고 개도 짖으면 빨래 방망이가 날아갔다. 금속을 통해 울리는 소리에 익숙지 않아서, 전화 속의 음성을 잘 알아듣지 못했기 때문이었다. 용건이 끝나면 차마 인사도 하지 못한 채, 힘 있게 뚝 잘라버렸다. 전화 요금이 겁나게 무서운 시절이었던지라.

이후 무선 전화기를 가진 집에서는 마당으로 뛰쳐나와 큰 소리로 전화를 받았다. 숫제 악을 썼다. 무선 전화기가 자랑스러웠던 시절이었다. 그 집에 무선전화기가 있다는 것쯤은 옆집과 앞집에서도 어렵지 않게 알고 지냈다. 뒤돌아서서 입을 씰룩거리는 사람이 생기기 시작했던 것이 아마 그 무렵이었던 것 같다. 그것이 어디 꼭 무선 전화기 때문만이었을까…….

예전에는 혼자 중얼거리며 길을 다니는 광인狂人이 더러 있었다. 먼 산을 보고 혼자 중얼거리며 길을 가면 거의가 정신이 온전치 못한 사람들이었다. 한동안 보기 힘들었던 그 광인의 모습을 요즈음엔 아무 데서나 쉽게 볼 수 있다. 휴대폰을 사용하면서부터.

　우리 어머니에게도 예쁜 휴대폰을 사드렸다. 밭에서나 차 안에서도 혹은 남의 집에 마실 가시더라도 언제나 자식들이랑 얘기할 수 있으니 참으로 행복해 하셨다. 내심 기다리셨던 모양이었다.

　어머니는 전화기를 늘 곁에 두고 사셨다. 그 안에 아들과 딸이 있으니 어찌 귀하지 않았겠는가. 그러던 어느 날, 휴대폰이 발작을 시작하는 것이었다. 처음에는 부들부들 떠는가 싶더니 이내 몸서리를 치고 있는 것이 아닌가? '저놈이 분명 정신이 나갔거나 감전된 것이로구나'라고 생각하자 무서움이 등줄기에 차갑게 흘렀다. 어머니는 전기가 넘쳐올까 봐서 멀리 내동댕이쳐버렸다. 다행히 조금 있더니 발작이 멎었다. '휴, 정말 큰일 날 뻔 했네……'

　전날에 다녀간 손자 놈이 벨 소리를 '진동' 모드로 바꾸어놓았던 것이다. 여든이 넘으신 어머니가 휴대폰의 기능을 어떻게 아시겠는가, 나도 잘 모르는데……. 진동 모드를 뭣하러 아시겠는가. 뭣 때문에 그렇게 복잡하게 사시겠는가.

낯선 땅을 여행하다 보면 내가 알고 있는 것이 얼마나 하찮고 작은 것인지를 깨닫게 된다. 여행은 삶을 겸손하게 만든다. 이르쿠츠크 시내를 가로지르는 전차

ⓒ 김하수

살고자 하는 사람은 어디를 가나 사는 길을 찾아내는 법, 삶이란 얼마나 진지한 것이던가.

그는 자유였다

어둠을 뚫고 나아가고 있었다. 벌레처럼 웅크린 채 구멍을 빠져나갔다. 지난 20년 동안 스스로 준비해왔던 길이다. 구멍을 빠져나오자 이제는 오물이 가득한 하수구다. 기고 또 긴다. 마침내 강이다. 비가 쏟아지고 있었다. 팔을 벌려 하늘을 봤다. 그는 자유였다.

영화 〈쇼생크 탈출〉의 앤디가 탈출하던 날의 이야기다. 사실 그는 죄인이 아니었다. 영화 속에서 사람들은 그를 죄인이라 부르지만 우리는 다 안다, 그에게 죄가 없다는 것을. 억울하게 누명을 쓴 것이라는 것을.

그러나 세상은 항상 정의롭게 흘러가는 것만은 아니다. 아는가,

감옥의 모든 죄수들은 자신을 무죄라고 말한다는 사실을. 그들은 자신들이 형케을 사는 것은 변호사의 잘못이라고 원망하고 있었다. 세상에 이럴 수가…… 그런 가짜들 사이에서 진짜로 무죄인 앤디는 할 말을 잃었다. 절망이다. 절벽이다.

어떤 환경 속에 있든 사랑만큼 감동을 주는 것은 없다. 앤디가 감옥에서 첫 식사하던 때다. 하얀 구더기가 쟁반 위에서 꿈틀거린다. 뒤에서 보고 있던 한 영감이 먹지 않을 거면 자기에게 달라고 했다. 교도소에서 50년을 살았다는 브룩스 영감은 얼른 구더기를 받더니 품속에 감추어 기르는 새의 부리에 갖다 댔다. 인간은 뭔가를 사랑하지 않고는 살아갈 수 없는 존재인 것이다.

살고자 하는 사람은 어디를 가나 사는 길을 찾아낸다. 앤디는 교도소 안에서 새로운 삶을 만들어 나간다. 그가 교도관에게 강간당하고 짓밟힐 때보다, 너무도 잘 적응해가며 자신의 삶을 개척해 나갈 때 나는 눈물을 흘렸다. 삶이란 얼마나 진지한 것이던가.

감옥에서 평생을 산 브룩스 영감은 쇼생크 감옥의 역사만큼이나 잘 길들여져 있다. 그는 철창문을 열어놓아도 날아갈 수 없는 새가 되어 있었다. 마침내 그는 석방됐다. 그는 마치 타임머신을 타고 복잡한 미래의 세계 한가운데로 던져진 것 같았다. 시간이 정지된 곳에 길들여신 그는 도저히 감옥 바깥의 현실에 적응할 수 없었다. 다시 감옥에 가고 싶었다. 결국 그는 자살했다.

나는 이번 여행을 내 인생의 하프타임이라고 생각했다. 내게 의미 있는 것은 지나온 삶의 자취보다 앞으로 살아갈 날들이다. 이제 어떻게 살아갈 것인가. **육지에서 바라본 알혼 섬**

자유를 찾았지만 감옥에서 사는 사람이 있고 감옥에 살면서도 자유롭게 해변을 거니는 사람이 있다. 브룩스가 감옥에 길들여졌던 것처럼 사람들은 일상의 환경에 길들여져 살아간다.

안락한 시설, 전기 기구, 전화기, 컴퓨터, 아파트, 자동차, 직장, 일, 가족, 사람들과의 관계 그리고 사고의 틀…… 그런 거미줄 같은 망 속에서, 자기의 좁은 사고의 감옥 속에 갇혀서 일평생을 보내는 것은 아닐까.

나는 이번 여행을 내 인생의 하프타임이라고 생각했다. 전반전을 끝내고 후반전을 맞이하게 되는 시점에 있다. 내게 의미 있는 것은 지나온 삶의 자취보다 앞으로 살아갈 날들이다. 이제 어떻게 살아갈 것인가. 어떤 기준을 갖고 판단해야 할 것인가.

〈빠삐용〉의 마지막 장면을 보자. 제 생명을 내놓고 끝없이 자유를 찾아나서는 빠삐용은 마침내 절벽의 끝에 선다. 날아라, 날아라, 날갯짓을 해보아라, 너는 새다, 예쁜 새. 난다, 나는 새였다! 전에도 그랬고 지금도 나는 새다. 여태 날아보지 않았을 뿐이다. 그러나 아무리 새라 하더라도 절벽에 서지 않았으면 날 수 있었겠는가, 날 생각을 해보았겠는가, 절벽이 없었더라면.

그 악마의 섬에 남아 나름의 자유를 즐기며 삶에 만족하고자 하는 드가는 그 새를 오랫동안 바라보고 싶지 않다. 아니 사실 그는 너무 바빴다. 가축도 보살펴야 하고 채소도 가꾸어야 하는데 빠삐

용이 떠난다기에 잠시 시간을 내, 친구 배웅을 나왔던 것이다. 그러니 이해해달라. 그런 삶도 있다.

　코코넛 열매를 채워 만든 포대 배에 의지한 채 빠삐용은 바다에 누워 또 다시 거친 파도를 향해 나아간다.

　"이 자식들아, 난 이렇게 살아 있다!"

인당수

알혼 섬 근처에 인당수가 있다고 했다. 우리의 〈심청전〉과 비슷한 전설이 바이칼에도 있다는 것이다. 가슴이 짠했다. 그곳이 바이칼의 어느 곳일지는 모르지만 아마도 깊고 영험이 서린 곳이 아닐까, 그렇다면 가장 깊다는 이곳 하보이 근처가 아닐까 생각해보았다.

한 곳을 당도하여 돛을 지우며 닻을 주니 이는 곧 인당수라. 광풍이 대작하여 바다가 뒤 누우며 어룡이 싸우는 듯 벽력이 일어나는 듯 넓은 바다 한가운데 노도 잃고 닻도 끊어지며 용총도 부러져 키도 빠지고, 바람 불어 물결쳐 안개 비 뒤섞여 자자진데, 갈 길은 천리만리 남아 있고, 사

ⓒ 김하수

바이칼이 태곳적의 순결함을 유지하고 있는 것은 스스로 뒤집어엎는 수행을 쉼 없이 하고 있기 때문일 것이다. 일 년이면 수백 차례의 지진이 바이칼 안에서 일어난다고 한다.

보고 싶은 열망이 화산처럼 치솟아올라 간절하게 눈을 희번덕거리자 마침내 눈이 번쩍 뜨이는 것이다. ⓒ 김하수
마음의 눈도 마찬가지일 테고, 깨달음 또한 그런 것일 테니……. '처녀의 얼굴'이라는 이름의 바위

면은 어둑 저물어 천지 적막하여 간신히 떠 오는데…….

나는 영화 〈서편제〉를 보고 심청가를 사랑하게 되었다. 심청이 인당수에서 몸을 던지는 대목과 심봉사가 눈 뜨는 대목이 참으로 애절하게 삽입되어 영화 서편제의 아픔을 더욱 고조시켰다. 그야말로 내장이 끊어지는 듯이 절절하다. 〈서편제〉를 하도 좋아해서 영화 전체를 오디오로 녹음해서 차 안에서 소리만 수십 차례 듣고 다니기도 했었다.

아버지가 병으로 죽고 세상에 홀로 남은 송화는 가난이 싫어 집을 나가버린 남동생 동호를 애타게 기다리며 살아간다. 마침내 그들이 만나 소리를 하게 되는데, 밤새워 애달픈 삶의 한을 풀어내는 것이다.

아버지, 내가 인당수로 빠져 죽었던 심청이오. 여태 눈을 뜨지 못하였소. 어서서서 눈을 떠 나를 보오.

누가 날더러 아버지라고 부르오. 아무 연분에 상처하옵고 초칠일이 못다 가서 어미 잃은 딸 하나 있삽더니, 눈 어두운 중에 어린 자식을 품에 품고 동냥젖을 얻어 먹여 근근 길러내어 점점 자라나니…… 남경 선인들에게 삼백 석에 몸을 팔리어서 인당수의 제수로 빠져 죽사오니 그때에 십오 세라. …… 눈도 뜨지 못하고 자식만 잃었사오니, 자식 팔아먹은 놈이 이 세상에 살아 쓸데없사오니 죽여주옵소서.

아버지, 내가 인당수로 빠져 죽었던 심청이오.

심봉사 깜짝 놀라 이게 웬 말이냐? 하더니 어찌 하 반갑던지 뜻밖에 두 눈이 갈라 떨어지는 소리가 나면서 두 눈이 활짝 밝았으니 만 좌 맹인들이 심봉사 눈 뜨는 소리에 일시에 눈들이 헤번덕 짝짝, 갈치 밥 먹이는 소리 같더니 뭇 소경이 천지 명랑하고, 집안에 있는 소경 계집 소경도 눈이 다 밝고…….

예전에는 대충 넘어갔었는데 영화를 보면서 새롭게 생각한 부분이 있었다. 왜 심봉사는 공양미를 바치고도 눈을 뜨지 못하고 있다가 저렇게 극적인 장면에서 눈을 뜨는 것일까? 눈도 뜨지 못하고 딸만 잃었다는 자책감으로 살아가는 심정이 어떠했을까. 그런데 느닷없이 어느 여자가 나타나 자기를 아버지라고 부르니 참으로 미칠 지경이었을 것이다. 딸을 보고 싶은 열망이 화산처럼 치솟아올라 간절하게 눈을 희번덕거리자 마침내 눈이 갈라져 떨어지는 것이다.

육신의 눈뿐이겠는가. 마음의 눈도 마찬가지일 테고, 깨달음 또한 그런 것일 테니 무릇 소망이 이루어지는 과정이 그러하겠거니……. 병아리가 알 속에서 나오려면 먼저 병아리 스스로 알을 깨기 위해 부리로 쪼아야 한다. 그러면 품고 있던 어미 닭이 소리를 들고 밖에서 알을 쪼아댄다. 안과 밖에서 동시에 알을 쪼지만, 결국 알을 깨고 나오는 것은 저 자신이다. 어미는 다만 알을 깨고 나오는 데 작은 도움만 줄 뿐, 어미가 나오게 하는 것은 아니다. 세상 이치가 다 그런 것일지 모르겠다.

 나는 아직 〈서편제〉의 심오한 뜻을 해독해내지 못하고 있다. 특히 한恨에 관련한 부분은 내게 더욱 어렵다. 득음을 위해 딸의 눈을 멀게 하였다. 한을 가슴에 심어주려고, 소리를 익게 만들려고……. 그 한을 안고 살아간다. 사는 것이 한을 쌓는 일이다.

 그렇게 애타게 기다리던 두 사람은 끝내 서로 아는 체도 하지 않고 작별의 인사 한 마디 없이 헤어지고 만다. "한을 다치고 싶지 않아서지요." 무슨 뜻일까? 어떻게 하면 한이 다치게 되는 것인지, 다치면 어찌 되는 것인지……. 서로 부둥켜안고 눈물을 흘리면서 그간 살아온 이야기를 쏟아내는 것으로 한을 풀 줄 알았는데, 그냥 모르는 채 떠나가는 것으로 한을 푼단 말인가.

 내 삶이 아직 미숙하여 한을 이해하지 못하는 것이겠지만, 한편으로는 잘 이해하지도 못하면서 좋아한다는 것은 곧 내게도 이해할 희망이 있다는 것 아니겠는가.

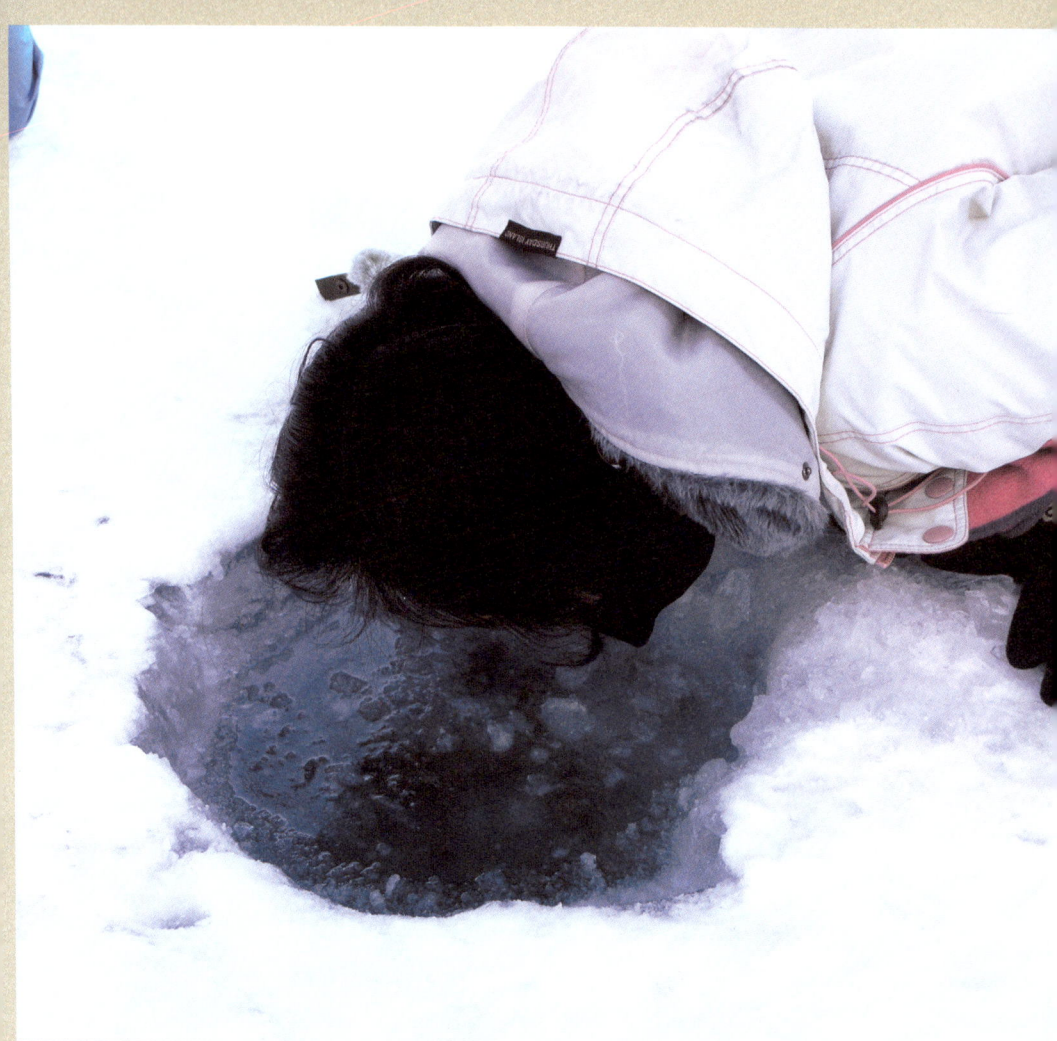

바이칼이 영혼의 정화수라는 말이 맞는 것일까. 이곳에서는 물 마시는 것만으로도,
숨 쉬는 것마저도 기도가 된다.

정화수

어머니는 하루의 삶을 기도로 시작하셨다. 이른 새벽, 아직 사람들의 발길이 닿기 전에 샘을 찾아 물을 길어오셨다. 다른 일손 쥐기 전에 우선 빈손을 모아 하늘을 보았다. 세상 사람 만나기 전에 먼저 어머니의 신神을 만났다.

어머니 앞에는 정화수 한 그릇이 놓여 있었다. 고단하고 힘든 삶의 고비를 넘길 때마다 어머니의 기도는 간절하기만 했고 어둠이 짙을수록 별은 더욱 빛났을 것이다.

구김살 있는 말 한 마디 안 하시고 맑고 고운 모음母音만으로 자식들을 기르고자 하셨던 것은 정화수의 물처럼 정결해진 마음을 지녔기 때문이었을 것이다. 학교 한 번 다니지도 못했지만 지혜의 바다를 이루셨던 것은 새벽 하늘의 별처럼 밝은 빛을 가슴에 간직했기 때문이었을 것이다.

"신의 세계에도 등급이 있단다. 계급이 낮은 조상신들에게는 독한 술로 제사를 드리고 높은 신들에게는 맑은 물로 제사를 드리는 것이제."

바이칼에 와보면 숨 쉬는 것마저도 그냥 기도가 되는 것을 느낀다. 바이칼이 영혼의 정화수라는 말이 맞는 것일까. 맑은 물과 빛나는 별들을 보면 자연스레 손을 모으게 된다. 내 죄가 얼마나 크고 지독하기에 이토록 정결한 물이 필요한 것인지, 또 내 소망은 왜 이리 많아서 이렇게 엄청난 양의 물이 필요한 것인지.

얼음 명상 시간이 깊어지고 있을 때였다. 천지를 진동하는 큰 소리가 울렸다. 거대한 얼음 나라의 문이 열리는 소리 같기도 하고, 하늘 문이 열리는 소리 같기도 했다. 앉아 있던 몸이 들썩일 듯이 크고 무겁고 신비스러운 효과음이었다. 필시 일상적인 음역의 소리는 아니었다.

바이칼이 태곳적의 순결함을 유지하고 있는 것은 새우와 같은 물 속 청소부의 도움도 물론 있지만 스스로 뒤집어엎는 수행을 쉼없이 하고 있기 때문이란다. 일 년이면 수백 차례의 지진이 바이칼에서 일어난다고 한다. 수천 길의 바닥으로부터 물을 뒤집어 위아래를 흔들어놓는 것이다. 썩지 않으려고. 그러니까 아까 그 소리는 바이칼의 수행으로 뒤틀린 지각이 거대한 얼음 성에 균열을 내면서 일어난 소리였는지 모르겠다.

　대단한 무엇이라도 이룬 듯 안주하려 하고, 경박한 말로써 세상을 어지럽히며 살아가는 나에게 바이칼은 큰 소리 하나로 꾸짖은 것이다. 실로 천둥보다 큰 울림이었다. 내 안을 뒤집어보라고, 내 삶 자체가 정화수 되어보라고…….

취하고 싶은 밤이었네

어느 밤인들 취하고 싶지 않았으랴마는 자작나무 숲이 보이는 설원을 지나며 그대와 술잔을 기울이고 싶었다. 내 마음이 벌겋게 달아오르는 것 같았다. 숯불 위에서 피어나는 꽃처럼 내 가슴에도 정염情炎의 불꽃이 이글이글 타오르고 있었다.

어느 밤인들 취하고 싶지 않았으랴마는, 얼음을 보며 내가 그대에게 얼마나 차가운 얼음이었는지를 깨달았을 때, 그대 또한 나에게 어쩔 수 없는 얼음이었음을 보았을 때, 그 얼음을 떼어다 술잔에 띄우고 싶었다. 어느새 얼음에 실오라기만 한 균열이 생기고 그러다 우리 사이의 안타까운 간격마저도 없어져 끝내 하나에 이르듯 화해의 잔을 들고 싶었다.

어느 밤인들 취하고 싶지 않았으랴마는 자작나무 숲이 보이는 설원을 지나며 그대와 술잔을
기울이고 싶었다. 내 가슴에 정염情炎의 불꽃이 이글이글 타오르고 있었다.

어느 밤인들 취하고 싶지 않았으랴마는, 자작나무 속살을 닮은 러시아 여인들을 보았을 때 타는 갈망이 내 가슴에 일었다. 이 겨울 내게 기도할 것이 너무도 많다는 것을 안다. 그러나 아랫도리 깊숙이 물 가득 빨아올리며 봄을 기다리는 자작나무처럼 나도 잠시 내게 충실해지고 싶었다.

어느 밤인들 취하고 싶지 않았으랴마는, 바이칼 얼음 깨지는 소리 들으러 언덕 넘어 다녀오는 밤길, 연료 삼아 내 안에 술을 태우고 싶었다. 마지막 남은 한 방울까지도 우리의 마음을 구석구석 태워서 별처럼 빛나는 우정의 기름이 되기를 소망했다.

어느 밤인들 취하고 싶지 않았으랴마는, 그러나 술병은 늘 우리보다 먼저 취했다. 바이칼의 모든 밤이 그러했다.

눈 덮인 들판을 걸어갈 때에도 그 발걸음 어지럽게 하지 말라.
오늘 내가 걸어간 발자취가 뒷사람의 이정표가 될 것이니.

ⓒ 김정국

기차에 오르고 얼마의 시간이 지나면 이제 기차는 내 안을 향해 달려간다.
시공을 넘나들며 마술처럼 비행한다.

밀주 이야기

　대륙횡단 열차 안에서는 술 마시는 것이 금지되어 있다. 참 독특한 법이라고 생각하면서도 뭐 그리 심하게 굴랴, 싶었다. 야간열차 안에서 술 마시지 않으면 무엇을 한단 말인가, 사람이라면 말이다. 법은 법이니, 신경이 쓰이는 것은 사실이었다.
　그렇지만 엷은 긴장감으로 인해 술 맛은 더욱 향긋했고 덤으로 나는 또 다른 여행의 맛을 즐길 수 있었다. 그 옛날 밀주의 추억이 되살아났다.
　그 시절, 그러니까 육십, 칠십 년대에는 집에서 술 담그는 것이 금지되어 있었다. 그러나 하지 말라고 할수록 더 하고 싶어지는 것은 애와 어른들에게 매한가지인 것 같다. 세무서에서 감시를 나와 집 안을 뒤졌고 누룩이나 담근 술이 발각되면 몇 차례 조사를 받는 것은 물론이고 엄청난 벌금을 내야만 했다. 그래서 낯선 사람들 몇 명이 재를 넘어 우리 동네로 들어서면 골목에서는 "세무서에서 조사 나왔으니 술 감추라."는 고함소리가 온 동네에 울려 퍼졌다. 공습경보였다.

  동네 개들도 모두 골목으로 나와 짖어댔고 닭들도 풍겨댔다. 그들은 서너 명씩 떼를 이루어 다녔다. 동네에서는 한바탕 난리가 났다. 그러다 보니, 술을 숨기는 기술도 또 술을 찾는 기술도 상승적으로 늘어만 갔다. 방 아랫목에서 곱게 익어야 할 술이 제자리에 있지 못하고 두엄자리의 재 속에, 헛간 짚무지에, 뒷산의 나무 둥지 속에 있어야만 했다. 구차하게 익은 술이라서 향이 더 좋았을까, 참 맛있었다.

  아무리 꼭꼭 숨겨도 그들은 귀신같이 찾아내는 것이었다. 마치 술 담그는 것을 미리 알고 찾아온 사람들 같았다. 사실이 그랬다. 그들은 어느 집에서 술을 담갔는지 정확한 정보를 갖고 왔다. 읍내 양조장에서는 각 동네별로 통계를 내고 있었다. 그래서 어느 기간에 술 출하량이 적으면 동네 주막에 체크를 했고, 이어서 어느 집의 누가 요즘 술을 적게 마시는지, 누구네 집안에 대소사大小事가 있는지 금방 알아낼 수 있었던 것이다. 세무서와 양조장은 아마 특수 관계였던 모양이다.

곡식이 귀한 시절이었고 경계가 그렇게 삼엄했음에도 불구하고 우리 집에는 늘 술이 있었다. 아버지가 워낙 술을 좋아하신데다 어머니가 담근 술 맛이 워낙 좋아서 제사, 생일, 명절 등에 술을 넉넉히 담갔다가 집 안의 여기저기에 숨겨두셨던 것이다. 아마 아버지는 어머니에게 순종하지 않을 수 없었을 것이다. 술이 있는 곳을 어머니만 알고 계셨으니……

어느 해 봄날이었다. 뻐꾸기가 온 산을 흔들어놓고 집 마당에서는 닭이 병아리를 데리고 흙을 헤치고 있었다. 마침 농사일이 시작되기 전에 아버지에게 약을 해드릴 계산으로 어머니는 막걸리에 약초를 넣어 잘 익히고 있었다. 할머니는 마실 가셨고 아버지도 출타 중이셔서 어머니는 안방에 앉아 홀로 베를 짜고 있었다. 뻐꾸기 소리에 시름을 달래며 베틀에 앉아 있는데 밖에서 황급히 외치는 소리가 들려왔다.

"세무서에서 조사 나왔대요!"

"하이고, 이 일을 어쩐다냐……"

놀란 가슴을 안고 밖으로 나와서 작은방 문을 열어보니 누구라도 한눈에 술 담그는 것을 알아볼 수 있을 것 같았다. 이렇게 다급한 상황에서 다른 방도가 있는 것도 아니었다.

한 가지 꾀가 퍼뜩 생각났다. 아무리 그들의 기세가 등등해도 집에 사람이 없으면 뒤지지 못한다는 얘기가 문득 떠오른 것이다.

겨울의 텅 빈 도로에서 차 구경하기란 쉽지 않다. 이르쿠츠크에서 알혼 섬에 이르는 시베리아 벌판의 주유소

그래서 어머니는 방문을 걸어 잠근 채, 숨을 죽이고 방에 있기로 했다.

조금 지나자 개 짖는 소리가 골목을 울리더니 한 사람이 사립문을 열고 우리 집 마당에 들어서는 것이 문구멍으로 보였다.

"계십니까?"

"……."

"안에 사람 있다는 것 다 알고 왔습니다. 여기 신발도 그대로 있구만요."

이런, 신발 숨기는 것을 깜박 잊었구나. 낙심한 어머니는 숨어 있는 것을 포기하고 방문을 열었다.

"저쪽 방문 좀 열어보세요."

올 것이 왔구나. 방문을 열자 이불에 덮여 있는 술 도가니가 그대로 드러났다.

"저거 뭡니까?"

"예, 선상님…… 우리 바깥양반이 관절염으로 몇 년째 고생 중이신디, 마침 친정에 갔다가 관절염에 좋다는 약 뿌리 몇 개를 얻어와 술로 해드리려고 지금 담그고 있습니다. 혀서는 안 되는 것인 줄 알지마는 하도 고생이 심하시기에……."

이왕 엎질러진 물이었다. 어머니는 마치 준비된 원고를 읽듯이 담담하게 고백하고 있었다. 까짓 벌금을 내라면 내야지, 뭐, 그런 심사였다.

"그래요?"

여기저기를 한 바퀴 휘 돌아보더니 그가 말했다.

"얼른 문 닫고…… 다른 사람이 오거든 이미 조사받았다고 그러세요."

"……."

뭐라 대꾸할 겨를도 없이 그는 나가버렸다. 눈감아주겠다는 얘기가 아닌가? 어머니는 믿기지가 않았다. 그렇게 무섭다던 세무서 사람들에게 저런 인정이 있다니…….

집을 비워두는 것이 안전하겠다 싶어서 막 사립문을 열고 고샅을 돌아갈 때였다.

"어디 가세요?"

등 뒤에서 세무서에서 나온 두 사람이 올라오며 어머니를 불렀다. 어머니의 안색이 하얗게 변하고 있었다.

"아…… 예, 우리 집은 좀 전에 어떤 선상님이 뒤지고 갔는디 또 보실랍니까?"

"그래요? 그 사람은 어디로 갔어요?"

"저기 저 집에 있나 보네요, 개 짖는 것을 보니…….."

두 사람은 서로 쳐다보더니 고개를 끄덕이며 그냥 온 길을 되돌려 내려갔다. 어머니는 침착하게 집을 나와서 개 짖는 집 쪽으로 향했다. 우리 집에 왔던 그 사람이 걸어 나오고 있었다. 두 손을 뒤로 엮어 천천히 걸어 나오다가 어머니와 마주쳤다.

어머니는 가볍게 목례를 하고서 미리 준비한 돈 몇 닢을 그 사람 등 뒤의 손에 쥐어주었다.

"너무 고마워, 뭐라도 보답을 하고 싶어서……."

손을 펴보고 돈인 것을 확인한 그 사람은 어머니를 쳐다보면서 선하게 웃었다. 그리고 말없이 돈을 다시 돌려주며 총총히 골목을 빠져나갔다.

영혼 맑은 사람들

바이칼에서 만난 사람들은 우리의 여행을 보다 아름답게 만들어주려고 기다리고 있던 사람들 같았다. 통나무집 주인장 니키타 씨와 러시아 승합차인 '우아직' 운전사 이골 씨, 몽골 여인, 그리고 가이드 등 모든 사람들이 그랬다.

누가 먼저 이렇게 표현했는지 모르겠다, 영혼이 맑은 사람들이라고. 예쁘다고 할지, 친절하다 할지, 순수하다 할지, 뜻이 좀 명확하고 눈에 쉽게 그려지는 그런 말 대신에 '영혼이 맑다'는 말을 사용함으로써 내 머릿속에서는 다른 수식어들이 자취를 감추었다.

어떤 사람을 두고 나는 그렇게 표현해본 적이 없었다. 그래서 다른 표현을 생각해봤지만 적당한 말이 떠오르지 않았다. 한 가지

별빛에 자작나무 가지가 휘면 자작나무 숲에 바람이 일렁인다. 그 바람과 사람들의 영혼이 섞여 문학과 예술이 태어나는 것이리라.

형태에는 꼭 맞는 하나의 말이 있다던가. 유년시절 알사탕을 입에 넣고 혓바닥으로 굴리며 오래도록 단맛에 취했듯이 나는 '영혼이 맑은 사람들'이라는 말을 가슴에 담고 그들을 바라보았다.

 맑은 눈을 가진 사람들이라고 말했다가는 지워버린다. 선하고 따스한 눈빛을 지닌 사람들이라고 말했다가는 지워버린다. 귀여운 미소를 띤 사람들이라고 말했다가는 지워버린다. 심성이 고운 사람들이라고 말했다가는 지워버린다. 몇 번이고 그런 후에야 그 자리에 그 사람들의 얼굴이 희미하게 비침을 알 수 있었다. 영혼이 맑다는 말 외에는 표현할 길이 없다는 것을 깨닫게 되었다.

 그들이 때묻지 않은 것은 하얀 자작나무 숲에서 일하기 때문일 것이다. 별빛에 자작나무의 가지가 휘면 자작나무 숲에 바람이 일렁인다. 자작나무 숲에 이는 바람과 그들의 영혼이 몸을 섞는다. 그들의 문학과 예술은 그렇게 태어나는지 모르겠다. 하긴, 사람인들 그렇게 태어나지 않으랴마는…….

   저 도시를 활보하는 인간들을 뽑아내고
   거기에다 자작나무를 걸어가게 한다면
   자작나무의 눈을 닮고
   자작나무의 귀를 닮은
   아이를 낳으리

봄이 오면 이마 위로

새순 소록소록 돋고

가을이면 겨드랑이 아래로

가랑잎 우수수 지리

그런데 만약에

저 숲을 이룬 자작나무를 베어내고

거기에다 인간을 한 그루씩 옮겨 심는다면

지구가, 푸른 지구가 온통

공동묘지 되고 말겠지

안도현, 〈자작나무의 입장을 옹호하는 노래〉, 《그리운 여우》

동행했던 한 분이 이런 말을 했다. 만약 돌아가야 할 핑계를 피할 수만 있다면, 내 생애를 그렇게 결정할 수 있다면…… 나는 여기에 남아 저 사람 중의 한 사람과 살고 싶다, 라고.

그 말을 듣는 순간 나는 속으로 심하게 떨었다. 질투심이 불일 듯 일어 내 안을 태워버린 까닭도 있었지만, 그렇게 말하고 있는 사람의 맑은 영혼이 나를 뿌리째 흔들고 있기 때문이었다. 내 생애는 자작나무 숲길에서 다시 시작되고 있었던 것이다.

동행했던 한 분이 이런 말을 했다. 만약 돌아가야 할 핑계를 피할 수만 있다면, 여기 남아 저 사람 중의 한 사람과 살고 싶다고.

ⓒ 김하수

사랑하는 이여,
우리들 모두는
어딘가 쉴 곳이
있어야만 합니다.

내 영혼이 쉴 자리는
아름다운 작은 숲
그대에 대한 나의
이해가 사는 그곳입니다.

칼릴 지브란, 정은하 옮김, 〈사랑하는 이여〉

얼음 위에 물결이 있었다. 파도가 있었다. 바람의 유혹으로 별 구경하러 나와서 춤을 추다가 그대로 얼어버린 것인지, 햇빛보다 찬란하게 반짝이는 얼음 물결과 얼음 파도를 보았다.

ⓒ 김정국

그대는 나의 목마름

 겨울 바이칼에는 물결도 파도도 없이 그냥 얼음덩이뿐일 거라고, 겨울에 무슨 움직임이 있을 거냐고 생각한다면 그것은 오해이다.

 불혹의 40세라고 하는데, 어떤 바람에도 흔들리지 않고 그리움도 설렘도 없이 하루의 날이 저물고 마는, 이제 인생이 메말라가는 일만 남은 것 아니겠냐고 생각한다면 그것은 정말 심각한 오해이다.

 얼음 위에 물결이 있었다. 파도가 있었다. 바람의 유혹으로 별 구경하러 나와서 춤을 추다가 그대로 얼어버린 것인지, 가장 황홀한 순간을 영원히 간직하기 위해 스스로 몸을 던진 것이었는지.

햇빛보다 더 찬란하게 반짝이는 얼음 물결과 얼음 파도를 보았다.

　내 삶에 그대는 물결로 다가왔다. 도저히 저항할 수 없는 물결이다. 그대의 눈빛, 그대의 미소, 그대의 목소리…… 내게 다가와 큰 물결을 이루었다. 나의 숙명이다.

　나는 지금 바이칼을 마시고 있다. 얼음에 난 구멍을 통해서 솟아오른 물이다. 배가 불러와 숨을 제대로 쉬지 못할 때까지 벌컥벌컥 들이켰다. 그러고도 목이 마르다. 아무리 마셔도, 마시면 마실수록 목이 탄다. 내 목마름은 왜 이리도 끝이 없는 것일까. 어젯밤 꿈속에서 나는 그대의 사랑을 얼마나 갈망했던가. 나는 정녕 불꽃에 타버렸던 것인가. 그대를 보고 있으면서도 그대를 향한 그리움으로 목이 타 죽을 지경이다.

　원효는 목마름을 통해 깨달음에 이르렀다는데 나는 이게 뭐란 말인가. 내 목마름이 아직은 너무 적은 것인가. 내 사랑은 너무 저속한 것인가.

　그럴지도 모르겠다. 청춘에는 성性이 내 몸 전체를 흔들어버리더니 이제는 다른 욕망이 내 삶의 대부분을 차지해버렸다. 돌이켜보니 삶은 겨울 숲처럼 어지럽고 쓸쓸하기만 하였다.

　내 인생의 겨울에 그대를 만났다. 내 야윈 삶에 비해 그대는 너무도 크고 고결해 보였다. 그대의 물결로 인해 내 안은 정결해지고 내 삶은 활기가 넘칠 것이라는 예감을 하게 되었다. 나의 소망이었다. 그러나 그대는 아직 얼어 있는 것 같다.

하지만 흐를 수 없는 물결이라고는 말하지 말라. 쉽게 사라지게 될 열정일 것이라고 단정하지 말라. 그대는 아시는가? 바이칼의 거대한 얼음 밑으로 뜨거운 물길이 흐르고 있음을. 더욱 뜨겁게 간직하고픈 핏덩이가 있음을.

너무 캄캄하다고? 그래서 두렵다고? 그러면 생각해보자. 원효의 목마름이 컸다고 하지만 캄캄한 밤이었으니 마실 수 있었던 것은 아니었을까. 밝은 대낮이었다면, 모든 것이 훤히 보이는 아침이었다면, 아무리 타는 목마름이 있다 한들 해골바가지의 물을 마실 수 있었을까.

모든 것이 밝고 환하게 보인다면…… 사랑이 태어날까, 뿌리내릴 수 있을까, 꽃피울 수 있을까, 정녕 사랑이 영원할 수 있겠는가.

한 여자를 사랑했네

마지막 날이다.

이제 바이칼을 떠나야 한다. 차라리 생업으로 돌아가야 한다는 말이 맞을 것 같다. 몸은 떠날지언정 어찌 바이칼을 잊을 수 있겠는가, 어찌 떠나갈 수 있겠는가.

영화 〈타이타닉〉에는 멋진 장면들이 많이 나온다. 특히 나는 영화의 초반에 나오는 백발 노파의 푸르디푸른 눈을 기억하고 있다. 아름답다 못해 가슴 시리게 만드는 눈동자였다. 노파의 눈이 어찌 저리 맑고 생기가 있을 수 있을까 생각하느라 영화의 몇 장면을 흘려보냈을 정도였다.

영화가 끝났을 때 나는 비로소 푸른 눈의 비밀을 알게 되었다.

ⓒ 김하수

내 눈 속에 바이칼을 담아 언제나 바이칼과 함께 살아갈 것이다.
행운을 부른다는 러시아 전통 목각 인형

만년설이 흘러내리는 바다가 노파의 눈에 들어와 있었다는 것을. 그 푸른빛은 얼음 속에 정지되어 있던 그들의 사랑이 녹아내리지 않도록 평생 동안 지키며 살아온 한 여인의 삶의 빛깔이었다.

그리고 생각하게 되었다. 변하는 것과 변하지 않는 것, 흐르는 것과 멈추어 있는 것, 헤어져 있는 것과 함께 있는 것이 크게 다르지 않다는 것을. 꼭 같지야 않겠지마는……. 무엇을 간직하며 사느냐 하는 것이 얼마나 의미 있는지를, 사랑 앞에서는 그 어떤 가치도 부질없는 수사修辭라는 것을.

바이칼에서의 마지막 날 오후 나는 리스트비얀카의 바이칼 얼음 위를 걷고 있었다. 사람의 발길이 머물지 않은 곳 더 멀리까지 나아가고 싶었다. 마치 금지된 구역에 첫발을 내딛는 것처럼 가슴이 떨렸다. 얼음 밑으로 보이는 푸른 물이 한없이 아름다웠다. 바이칼의 깊고 푸른빛을 가장 잘 드러내주는 곳을 찾아 그곳에 누웠다. 눈을 감으니 물속으로 가라앉았다가 떠오르는 것 같았다. 발이 저려왔다. 몸이 춤추는 듯 어지러웠다.

나에게 바이칼은 무엇인가. 바이칼을 나는 어떤 의미로 간직하려는가. 영혼의 정화수, 어머니의 태반, 겨울의 심장, 빛의 향연장…… 모두가 가슴 벅찬 말들임에는 분명했다. 그럴지언정, 나는 공허했다. 마음에 차지 않는 깃은 물론이고 관념의 파편으로만 여겨지는 것이었다.

바람이 불 때마다 눈가루가 흩어져 얼굴을 덮었다. 머리가 복잡해지고 몸이 오그라들었다. 오한이 뼛속 깊이 스며들고 있었다. 아, 이대로 돌아갈 수는 없는데…… 조급한 마음에 나는 자꾸만 작아져갔다.

얼마나 지났을까. 눈을 뜨니 햇살이 가득 들어왔다. 그리고 한 사람이 거기 있었다. 내게 손을 내밀었다. 열기가 따뜻하게 전해져왔다.

머릿속이 맑아지고 있음을 느꼈다. 신기하다. 복잡했던 생각들은 어디로 가버리고 이렇게 가벼워지는 것일까. 나는 어떤 답을 얻은 것일까. 바이칼은 내게 무엇을 주려 한 것일까. 우리는 함께 걸었다.

문득, 답을 손에 쥐었다는 생각이 들었다. 해답이로구나. 지금 나에게 필요한 것, 목마름을 없애주는 물, 그것이다. 만약 부족하다면 그 사람을 통해 차차 채워주지 않겠나. 그러지 않을까.

바이칼이 그리울 때는 한 사람을 볼 것이다. 타이타닉의 노파가 그러했듯이 나는 바이칼을 담고 살아갈 것이다. 바이칼이 내 눈 속에서 온전히 발하기를, 한 사람의 생애가 내 눈동자를 통해 아름답게 비추어지기를 기도할 것이다.

그리하여 한 여자를 사랑했노라고 말할 것이다. 내 사랑이여, 나의 바이칼이여.

제발 무슨 일이 생겨서 기차가 국경 넘어가는 일이 없기를, 그래서
우리의 이별이 늦추어지기를 나는 바라고 또 바랐다.

국경의 밤

돌아가는 길이다.

새벽에 일어나 귀향 열차를 탔다. 러시아 이르쿠츠크에서 몽골 울란바토르를 향해 24시간을 달려가는 것이다. 산 넘어 산이다. 겨우 바이칼과 헤어졌는데 이제는 사람과 이별해야 하는 순간이 자꾸 가까워져 오니 말이다. 몽골에 도착하여 비행기 타면 이제 여행의 끝이 아니던가.

우리는 외견상 아주 냉정해 보였다. 이제 헤어지면 자주 연락하자는 둥 따위의 겉치레 인사말로써 달랠 수 있는 가슴이 아니었다. 일체 그런 말을 꺼내지도 않았다. 다들 이를 악물고 있는 게 분명했다. 마음을 바이칼 얼음 밑에 숨기고 있었던 것이다.

그래도 술이 좀 있어 다행이었다. 이르쿠츠크에서 보드카와 맥주를 사두었기 때문이다. 내 짧은 생을 통해 보면, 길에서 모자라는 건 늘 술이다. 세상에, 그 아까운 술을 엎질러버렸다. 맥주 한 병을, 바보같이 내가 그랬다. 나 자신에게 그렇게 화가 날 수 없었다. 그 술만 있었더라면 아픔이 좀 덜했을 텐데……

끝없이 펼쳐지는 시베리아의 숲과 평원을 지나간다. 우리의 얘기도 끝없이 이어진다. 저녁을 지나 밤이 깊어간다. 눈이 내리고 있다. 함박눈이다.

러시아와 몽골의 국경에서 멈춘 열차는 세 시간을 지체하고 있다. 눈 쌓이는 밤에 할 일이 많지 않다는 것을 이제야 알겠다. 제발 무슨 일이 생겨서 국경 넘어가는 일이 없기를, 그래서 우리의 이별이 늦추어지기를 바라는 일 외에는.

장엄한 백설의 천지다. 눈이 오기에 얼마나 다행인가. 이런 순간에 눈마저 내리지 않으면 인생의 빛깔이 얼마나 쓸쓸할까. 눈 속에서 눈을 맞으며 눈이 되는 일이 얼마나 축복인가. 눈이 녹아 눈물로 흘러도 따뜻하게 웃을 수 있으니 말이다. 아득한 동화의 나라에서 요정처럼 곱게 눈 감을 수 있으니 말이다.

그대와 함께 눈길을 걷는다. 뽀드득뽀드득 기쁜 우리의 영혼이 환호하는 소리, 뽀드득뽀드득 슬픈 우리의 영혼이 신음하는 소리. 눈이 그치고 나면 이제 우리 눈 마주치지 말자. 아무 일 없는 듯

태연한 그대의 얼굴을 보노라면 가슴이 더욱 미어질 것 같으니 차라리 눈을 감자.

울지 마라. 그러게 애초에 함부로 따라나설 일이 아니지 않았더냐. 무슨 일 있겠느냐고, 그래 이 나이에 별일 없을 거라고 큰소리 치더니 말이다. 누가 있어 내 안의 기막힌 별을 탐내겠느냐고, 내 마음을 빼앗길 일이 있겠느냐고, 기적은 없을 거라고 장담하더니 말이다. 인생을 헛산 거다.

흔들리는 열차 안에서 아침을 맞았다. 따스하고 향기로운 아침이다. 밤하늘에 촛불을 켜놓은 것 같다. 함박눈이 내리고 난 후 싸락싸락 내리는 싸락눈처럼 언제까지 이어질지 모를 긴 여운을 우리는 안다. 결코 황홀한 기억만은 아니리라는 것을…… 눈빛이 탄다.

그대여, 마지막 남은 포도주로 내 눈물 자국을 닦아줄 수 있겠는가. 이제 말하지 말자. 그만 잔을 들자.

여행을 할 때는 어디로 가느냐보다 누구와 함께하느냐가 더욱 중요하다.
사람을 만나는 것이 여행의 시작이기 때문이다.

우리를 하나되게 한 것들

이번 여행이 얼마나 정교하게 짜여져 있는지 처음에 잘 몰랐었다. 여행이 끝나갈 무렵에야 느낄 수 있었다. 안개가 걷히면서 실체를 보게 되는 것처럼 말이다. 디자인되었다고 해야 할까, 그런 섬세함이 느껴졌다.

몇 해 전에 애플의 산업디자인 부문 부사장 조너선 이브가 "디자인 경영"에 대해 역설해서 관심을 끈 바 있었다. 21세기를 주도하는 주요 코드로서 디자인을 꼽은 것이다. "자동차 회사들은 더 이상 최고 주행 속도에 대해 언급하지 않는다. 스와치사 시계가 얼마나 정확한가는 이제 화젯거리도 아니다. 가격의 패러다임도 지났다. 문제는 디자인이다."

반집을 두고 생사를 다투는 바둑에도 미학이 있다. 마찬가지로 여행도 아름답게 디자인될 수 있다는 것에 나는 감동했다.

동행한 칠십여 명의 구성원들은 참으로 다양했다. 첫날 밤, 몽골에서 자기소개 하는 시간에 단박에 알 수 있었다. 십대의 중학생에서부터 육십 대의 은퇴한 어르신에 이르기까지 별의별 일터에서 전혀 다른 일과 생각을 갖고 살아가는 사람들이었다.

그러나 우리는 하나가 되었다. 한 몸처럼 움직였다. 머리에서 생각하는 대로 눈, 코, 입, 가슴, 팔, 다리 등이 스스로 따랐다. 기꺼이 따랐다. 각 지체들이 따로따로 주장을 하기 시작하는 상황을 상상해보라. 제각기 잘난 체하고 목소리 높이고 얼굴 붉히고······ 그런 곁다리에 신경쓸 없이 여행의 정취에만 오롯이 빠질 수 있었던 것이 얼마나 다행이었는지 모른다.

무엇이 우리를 이렇게 행복한 여행으로 이끌었던 것일까. 우선 여행의 내용과 프로그램이 좋았다고 생각한다. 야간열차, 설원, 숲속의 통나무집, 얼음 바다, 명상 프로그램 등에 일반 여행처럼 눈으로 보고 즐기는 것이 아니라 마음으로 떠나는 또 다른 여행이 있었다. 여행 속에 각종 이벤트가 있었다.

여행의 내용 외에도 참여자들이 서로 낯설지 않았던 근원적인 이유는 우리가 〈고도원의 아침편지〉라는 마음의 양식을 똑같이 먹고 있다는 점일 것이다. 우리도 모르는 사이에 마음의 무늬와

여행이 끝나갈 무렵에야 우리의 여정이 얼마나 섬세하게 디자인된 것인지를 느끼게 된다. ⓒ 김정국
알혼 섬에 있는 부르한 바위로 가는 길

빛깔이 비슷해진 것은 아니었을까.

　돌이켜보면 〈아침편지〉는 내 삶에 그 무엇에도 비할 데 없는 설렘을 주었다. 단순하고 쉬운 글 한 줄이 이렇게 마음을 따뜻하게 할 수도 있구나, 마음에 큰 파동을 남길 수 있구나, 그렇게 생각했다. 〈아침편지〉는 내 안에 떨어진 씨앗과 같았다. 씨앗이 언제 꽃 피고 열매 맺을지는 아무도 모른다.

　어느 시인의 말처럼, 씨앗을 손에 들고 새 소리를 들을 줄 알아야 한다. 얼마나 멋있는 말인지 모른다. 씨앗은 심어놓으면 싹이 날 것이고, 그 싹이 자라고 자라면 새들이 올 것이다. 그런 감성을 갖게 되기를, 씨앗을 보면서 새 소리를 들을 수 있는 사람이 되기를 소망해왔다. 〈아침편지〉는 내게 그런 꿈을 꾸게 해주었다.

　여행하는 내내 마찬가지였다. 매일 아침 고도원 씨가 오늘의 〈아침편지〉를 낭송해주었다. 글로 보지 않고 소리로 들으니 또 다른 감동이 있었다. 우리들 일행은 하루를 그렇게 시작했다. 그러니 생각이 비슷해지지 않았을까. 더구나 그것이 일상적인 삶을 벗어난 여행길에서이니 얼마나 묵상이 잘 되었겠는가.

　〈아침편지〉 외에 우리의 마음을 지배하는 양식이 한 가지가 더 있었다. 소위, 행동수칙이었다. 그날그날 지켜야 할 규칙을 〈아침편지〉와 더불어 여행길에 오르기 전에 고도원 씨가 그 날의 화두로 걸었던 것이다. 단순하고 의미 있는 말들이었다.

아침편지와 행동수칙은 여행하는 동안 늘 머릿속에 있었다. 이들은 단지 여행길에서만 적용될 말이 아니고 인생길에서도 도움이 될 말이었기에 나는 바이칼의 추억과 함께 오래도록 기억하고 싶다.

마음을 활짝 열자

　마음을 활짝 열자. 마음을 연다는 것은 입장을 바꾸어서 생각해보는 것으로 시작된다. 네가 되어서 세상을 보겠다는 뜻이다. 왜 내게 화를 냈는지 너를 이해해보겠다는 뜻이다. 나를 향한 너의 사랑을, 그 무모함을 어루만져주고 싶다는 뜻이다.
　내가 자연이 되어서 세상을 바라보겠다는 뜻이다. 자연의 눈으로 나를 본다. 바람이 되어 강 언덕에 누워보기도 하고, 꽃이 되어 나비의 날갯짓에 간지럼 타보기도 하고, 새가 되어 나뭇가지에 앉아본다. 마음을 연다는 것은 결국엔 거슬리는 것 하나 없이 다 받아들이겠다는 뜻이다.
　마음을 연다는 것이 꼭 외부와의 소통에 대하여만 해당되는 것

메마른 눈에는 보이지 않고 감동의 눈이어야만 마음을 여는 열쇠가 보이는 이치가 신비스럽다.
부르한 바위 앞에서의 명상

마음을 연다는 것은 내가 자연이 되어서 세상을 바라보겠다는 뜻이다.
자연의 눈으로 사물을 보고 자연의 눈으로 나를 본다.

은 아니다. 자신이 무엇을 원하는지 자신의 내면의 소리를 들을 때도 필요하다. 결정을 하는 데 있어서 다른 가능성에 대하여도 기회를 열어놓고 잠시 판단을 유보해보는 것. 마음이 부드러워지고 너그러워져, 한때 버렸던 생각에 대하여도 따뜻한 눈으로 다시 바라보는 것. 그런 때의 마음을 열린 마음이라 하지 않을까.

마음이 닫혀 있을 때는 잘못된 일의 탓을 남에게 돌린다. 환경을 탓하기도 한다. 내가 다른 이들을 이해하지 못하듯 다른 사람들도 내 말을 이해하지 못한다. 서로 부딪친다. 왜 내 말에 귀 기울이지 않는지, 다른 사람들이 원망스럽다.

마음을 닫는 이유는 두려움 때문이다. 내 무지함이 탄로날까봐, 내 안의 황폐함이 드러날까봐 두렵다. 우리는 자신도 모르게 마음을 닫고 사는 때가 있다. 어느 때, 무슨 연유로 자물쇠를 걸게 되었는지조차 기억에 없다. 마음을 열려고 해도 이제는 열쇠를 찾지 못해서 열지 못한다.

메마른 눈에는 보이지 않고 감동의 눈이어야만 마음의 문을 여는 열쇠가 보이는 이치가 신비스럽다. 반드시 어려운 일만은 아닌 것 같다. 대개는 가까이 있으니까, 우리 안에 있으니까. 마음을 여는데도 마스터키가 있지 않을까? 어떤 종류의 자물쇠라도, 아무리 복잡하고 오래된 원한이라도 열 수 있는 만능열쇠가 있다면, 그건 사랑이 아닐까.

웬만하면 참자

'웬만하면'이라는 말은 매력적이다. 웬만하면 참자. 그냥 '참자' 고만 하였더라면 얼마나 건조하고 위압적이었을까. 그랬다면 마음속에서 저항이 일어 오히려 쉽게 무너져버렸을지도 모를 일이다. 웬만하면…… 하는 말 안에는 최악의 상황에 비해 조금이라도 더 밝다는 희망의 빛이 엿보인다. 웬만하면…… 하는 말 안에는 견딜 수 있는 최대치까지 아직 조금의 여유가 있어 넉넉해 보인다.

웬만하면, 하는 말은 웬만한 문제는 작게 만들어버리는 힘이 있는 것 같다. 가만히 반복해서 말하다 보면 큰 문제들이 작아지는 것을 느끼게 된다.

누구에겐들 고통이 없으랴, 누구에겐들 희망이 없으랴. 사랑은 모든 것을 믿으며 참고 견디느니…….

좋은 일이 일어나는 데는 시간과 인내가 필요하다. 사람이 참지 못하고 포기하게 될 때는 외롭고 두려워서 그러는 경우가 많다. "왜 나에게만 이런 고통이 주어지는 것인가. 이 어둠에 도대체 끝은 있단 말인가." 박완서 씨의 책에서 본 글이다. 아들을 잃고 크게 상심하여 절망하고 있던 때였다. 어느 누구의 말도 위로가 되지 않은 채 눈물로 한숨짓던 날들이었다.

내 아들이 죽었는데도 기차가 달리고 계절이 바뀌고 아이들이 유치원 가려고 버스를 기다리는 것까지는 참아줬지만 88올림픽이 여전히 열리리라는 건 도저히 참을 수 없을 것 같다. 내 자식이 죽었는데도 고을마다 성화가 도착했다고 잔치를 벌이고 춤들을 추는 걸 어찌 견디랴. 아아, 만일 내가 독재자라면 88년 내내 아무도 웃지 못하게 하련만, 미친년 같은 생각을 열정적으로 해본다.

박완서, 《한 말씀만 하소서》

아들을 잃고 고통 속에서 신음하고 있었을 작가의 심사가 선명하게 그려진다. 그러던 날, 어느 젊은이에게서 다음과 같은 말을 듣게 되었다고 한다. "왜, 선생님에게만은 그런 슬픔이 주어지지 않을 거라고 생각하셨어요?"

아마 그 즈음부터 마음을 추스르기 시작했다고 한다. 누구에겐들 고통이 없으랴. 누구에겐들 희망이 없으랴.

　인내는 모든 덕의 여왕이라는 말이 있다. 성경에서도 인내에 대해 여러 각도에서 비추어 보이고 있다. 인내는 성령의 열매 가운데 하나다. 성령의 열매는 사랑과 기쁨과 평화와 '오래 참음'이라고 했다. 내 힘만으로는 도저히 참을 수 없을 때는 하늘의 도움을 구해볼 일이다.

　인내는 믿음의 일부이다. 인내는 사랑의 중요한 부분이기도 하다. 사랑은 모든 것을 참으며, 모든 것을 믿으며, 모든 것을 바라며, 모든 것을 견디느니…….

정보화 시대를 살아가는 기업들 간 게임에서는 덩치가 크다고 해서 항상 작은 기업을 이기는 것은 아니다. 하지만 빠른 기업은 언제나 느린 기업을 이긴다. 탈치 민속박물관 가는 길

한 걸음만 빨리 움직이자

셋째 날의 계명이다.

여행길에서 하루 하루 보내면서 서로 좀 익숙해진다 싶으면 긴장감이 급격하게 떨어진다. 행동이 눈에 띄게 느려지고 대신에 말이 많아진다. 식사 시간을 군대에서처럼 꼭 그렇게 지켜야 하나? 출발을 이렇게 빨리 할 필요가 있나? 등 마음속에서 작은 목소리들이 생겨나는 것 같다.

우리의 몸과 마음처럼 환경에 빨리 적응하는 것이 또 있을까. 쉽게 게을러지는 존재들이 있을까. 나태의 단맛에 물들기 전에, 때에 맞는 수칙이 선포된 것이다. 한 걸음만 빨리 움직이자.

서양 속담에 "일찍 일어나는 새가 벌레를 잡는다."는 말이 있다. 다른 새들보다 일찍 일어나야 먹이를 하나라도 더 잡아먹을 수 있다. 그런데 만약 다른 모든 새들이 따라서 일찍 일어나게 된다면 그래도 유효할 것인가. 남들이 똑같이 하면 그 전략은 무용지물이 된다. 다시 달라져야 한다.

우리처럼 단체가 움직이는데도 그러하지만 특히 기업들에게 있어서 시간경영은 죽느냐 사느냐의 기준이 될 수도 있다. 경쟁회사보다 먼저 제품을 출시하고 고객의 욕구에 빠르게 반응하며, 때에 맞게 결단을 해야 한다. 먼저, 빨리, 적절한 때에……

김우중 회장은 학창 시절에 신문을 팔았다. 항상 제일 많이 팔았다. 그럴 만한 이유가 있었다. 다른 사람보다 먼저 시장을 한 바퀴 뛰면서 모든 가게에 신문을 한 부씩을 던져놓았다. 그러고는 다시 돌면서 수금을 했다. 모든 돈이 다 회수되는 것은 아니었지만, 남보다 먼저 고객을 만났기에 경쟁 상대를 따돌렸던 것은 자명한 일이었다. 고객을 선점한다는 것, 시장에 일등으로 제품을 출시한다는 것, 그것이 살길이다.

시대가 바뀌면 게임의 규칙도 달라진다. 예나 지금이나 우리나라 천하장사는 여느 동네 씨름선수를 항상 이길 것이다. 반면에 정보화 시대를 살아가는 기업들 간의 게임에서는 덩치가 크다고 해서 항상 작은 기업을 이기는 것은 아니다. 그러나 빠른 기업은 언제나 느린 기업을 이긴다. 그것이 현대 경쟁사회의 중요한 명제이다. 사람 사는 세계에서만 통하는 말일까.

    아프리카에서는 매일 아침 가젤이 잠에서 깬다. 가젤은 가장 빠른 사자보다 더 빨리 달리지 않으면 죽는다는 사실을 알고 있다. 그래서 그는 자신의 온 힘을 다해 달린다. 아프리카에서는 매일 아침 사자가 잠에서 깬다. 사자는 가젤을 앞지르지 못하면 굶어죽는다는 사실을 알고 있다. 그래서 그는 자신의 온 힘을 다해 달린다. 네가 사자이든, 가젤이든 마찬가지다. 해가 떠오르면 달려야 한다.

오아킴 데 포사다 · 엘런 싱어, 《마시멜로 이야기》

나를 찾자

　나를 찾자. 사실 이 주제는 내게 좀 버겁다. 나를 어떻게 찾아야 하는 것인지 잘 모르겠으며 막연하고 무겁기만 하다. 하지만 안다, 삶의 여정이 결국 자신을 찾아가는 길이라는 것을. 그것은 남에게 미룰 수 없는 내 삶의 주제임을.

　이제라도 나의 무지함을 깨우쳤으니 다행이라 여기자. 따지고 보면 나를 찾는 것보다 더 중요한 일이 있을까. 내가 누구인지도 모른 채 살아가는 삶이 얼마나 공허한가.

　새 장수가 어느 농장을 지나가고 있었다. 독수리 한 마리가 닭 무리 속에서 먹이를 먹고 있는 것을 보았다. 그는 독수리에게 말했다.

나를 찾는 것은 결국 내 안 깊은 곳으로부터의 울림을 듣는 것이다.
내 사랑은 무엇이고 내 슬픔의 근원은 무엇인지를.

"너는 땅에 속한 새가 아니라 하늘을 나는 동물이란다. 어서 날개를 펴고 하늘을 힘차게 날아가렴."

그는 독수리를 데리고 농가 지붕에 올라가 날아오르게 하였지만 실패했다. 높은 산에 데리고 가서 날게 했지만 또 실패했다. 이번에는 태양을 향해 번쩍 쳐들어 주었다. 독수리는 태양을 응시하더니 몸을 부르르 떨다가 서서히 날개를 펴기 시작했다. 그리고 훨훨 날아갔다. 마치 날갯짓에 익숙한 것처럼.

나를 찾는다는 것이 결국 내 안 깊은 곳으로부터의 울림을 듣는 것이라면, 우선 일상적인 삶으로부터 조금 떨어져 있어야 할 것 같다. 그 소리는 낮고 희미하여 다른 소리와 섞이면 잘 들리지 않을 테니까. 그러기 위해서는 몇 가지의 길이 있을 성싶다.

명상 같은 고요함 속에서의 깊은 사색이 하나의 길이 될 것이다. 여행도 사색하는 데에 도움을 주는 것 같다. 여건이 되는 한 이제부터라도 여행을 많이 다니고 싶다. 음표들 사이의 공간이 있어야 음악이 만들어지듯이 휴식은 나를 회복하는 시간이 될 것이다. 모든 여행은 결국 자신을 찾아 떠나는 여로가 될 테니까.

이번 여행을 하는 동안 몇 차례 나를 볼 수 있었던 것 같다. 나의 꿈과 소망과 슬픔과 두려움과 사랑과 그리움 등 내 안에 감추어서 있던 것들을 선명하게 확인할 수 있었다. 내 사랑은 무엇이고 내 슬픔의 근원은 무엇인지를.

일에 몰입해 있을 때에도 참나를 느끼곤 한다. 마음이 어둠의 공간을 뚫고 한 곳으로 집중된다. 한 줄기 빛이다. 어느 순간 고개를 드니 낯익은 얼굴이 거기에 있다. 내가 나를 본다. 내 얼굴이 참으로 행복해 보인다. 마치 접신이라도 된 것처럼 경건한 순간이다. 장엄함을 느낀다. 나는 믿는다. 신은 내가 일하는 동안에도 나를 만나주시리라는 것을.

자신을 찾는 길이 이렇게 여러 가지가 있다고 하더라도, 사랑할 때처럼 극적으로 자신을 발견하는 때가 있을까. 그것은 오랜 시간이나 과정이 필요한 것도 아니다. 눈빛 하나면 족하다. 가슴에 벼락을 맞는 순간 그 자리에서 천지가 개벽한다. 지나온 내 삶의 여정은 너를 찾으러 방황했던 날들이었을까. 오늘의 이 순간을 나는 얼마나 애타게 기다려왔던가. 수십 년 묵은 그리움이 단박에 눈을 뜬다. 어쩌면 나란 존재가 이렇게 쉽게 무너져내릴 수 있는 것인지, 삶이 절절하기만 하다.

나를 빼앗기면서 나를 찾는 행복한 마음을 레오 리오니의 《프레드릭》이라는 동화버전으로 읊어본다.

넌 마술사야. 어떻게 내 마음을 가져갔어? 신기할 뿐이야.

넌 마술사야!

혼이 담긴 눈이란 마음의 눈으로 본다는 것이다. 보다 깊고 보다 멀리 보는 것이다.
보이지 않는 것을 보는 것이다.

혼이 담긴 눈빛으로 바라보자

혼이 담긴 눈빛으로 바라보자. 영화 〈타이타닉〉의 마지막 장면에서 물속의 잭과 물 위의 로즈가 마주보고 있다. 이제 손을 놓아야 한다. 세상에 이렇게 가슴 아픈 광경이 또 있을까. 눈빛이 탄다. 그 짧은 순간에 얼마나 많은 얘기가 눈빛을 통해 오갔을까.

"난, 당신을 믿어요."

젊은 연인이 생과 사의 길로 헤어져야 하는 마지막 순간, 그들의 눈빛에는 모든 것이 담겨 있었을 것이다. 사랑과 연민과 안타까움과 약속과 믿음과 희망과 피와 눈물과 한숨과 키스와……
아, 모르겠다.

혼이 담긴 눈이란 마음의 눈으로 본다는 것이다. 보다 깊고 보다 멀리 보는 것이다. 보이지 않는 것을 보는 것이다. 눈으로 느끼고 눈으로 말하고 눈으로 듣는 것이다.

몇 해 전 일본의 아오모리 현에 있는 사과 농가가 태풍으로 큰 피해를 입었다. 초속 50미터가 넘는 태풍에 대부분의 사과는 떨어져버렸다. 순식간에 폐허로 변해버린 사과밭에서 농민들은 땅에 주저앉아 망연자실해야 했다. 그런데 주저앉지 않은 한 농부가 있었다. 그는 풍속 53.9미터의 강풍에도 떨어지지 않은 사과가 있다는 사실을 깨달았다. 90퍼센트의 사과는 떨어졌지만 10퍼센트의 사과는 남아 있었던 것이다. 그는 떨어진 90퍼센트의 사과를 생각하기보다 떨어지지 않은 10퍼센트의 사과를 어떻게 팔 것인가를 생각했다.

그는 곧 마을의 젊은이들과 판매촉진실행위원회를 발족시켜 '강풍에도 떨어지지 않은 사과'로 이름 붙였다. 그리고 대학입시 합격기원의 부적으로 판매하기로 했다. 종이 선물상자에 강풍에도 떨어지지 않았다는 것을 나타내는 증명서와 함께 사과를 한 개씩 넣었다. '행운의 사과' '합격사과'로 팔린 것이다. 판매는 대성공이었다.

고도원, 《나무는 자신을 위해 그늘을 만들지 않는다》

혼이 담긴 눈은 겉으로 드러난 현상만을 보지 않고 그 너머까지도 본다. 눈앞의 난관만을 보는 것이 아니라 난관 너머에 있는 다른 것을 보게 된다. 모든 일들이 결국 좋은 결과를 이루기 위한 과정이라고 믿으며 좌절하지 않는 것이다. 긍정적으로 보는 것이다.

혼이 담긴 눈빛은 따스하다. 다섯 살 지능을 가진 스무 살 청년이 끝내 서브쓰리(42.195Km를 3시간 안에 완주하는 것)를 이루기까지 어머니의 따스한 눈빛이 없었다면 〈말아톤〉의 감동은 상상이나 할 수 있었겠는가. 따스한 눈빛은 상대의 잠재력까지도 투시해서 보는 능력이 있다. '백만 불짜리 다리'를 지녔다고 확신하는 어머니와 초원이의 서로에 대한 강한 신뢰의 눈빛이 더없이 아름다운 영화였다.

혼이 담긴 눈 속에는 모든 것으로부터 배우려고 하는 겸손과 지혜가 담겨 있다. 사람에게서는 물론이고 자연, 심지어 벌레로부터도 깨달음을 얻는다. 고 정주영 회장의 〈빈대 이야기〉는 유명한 일화이다.

인천 부두에서 막노동할 때, 그곳의 노동자 합숙소는 그야말로 빈대지옥이었다. 떼메고 가도 모를 만큼 고단한 지경에도 잠을 잘 수 없게 빈대가 극성이었다. 하루는 다같이 꾀를 써서 밥상 위에 올라가 자기 시작했는데, 잠시 잠깐 뜸한가 싶더니 이내 밥상 다리로 기어 올라와 물어뜯었다.

다시 머리를 써서 밥상 다리 네 개를 물 담은 양재기 넷에 하나씩 담가

바이칼 호는 세계 최대의 담수호이며 투명도가 뛰어나 수심 40미터 아래까지 볼 수 있다.

놓고 잤다. 빈대가 밥상 다리를 타려 하다가 양재기 물에 익사하게 하자는 묘안이었다. 쾌재를 부르면서 편안히 잔 것이 하루나 이틀쯤이었을까. 다시 물어 뜯기기 시작했다.

불을 켜고 도대체 빈대들이 무슨 방법으로 양재기 물을 피해 올라왔나 살펴보았더니 기가 막힐 일이었다. 빈대들은 네 벽을 타고 천정으로 올라간 다음, 사람을 목표로 뚝 떨어져 목적 달성을 하고 있는 것이 아닌가.

그렇다. 빈대도 물이 담긴 양재기라는 장애를 뛰어넘으려 그토록 전심전력으로 연구하고 필사적으로 노력해서 제 뜻을 이루는데 나는 사람이 아닌가. 사람들은 곤경에 처하면 어떻게 할 방법이 없다. 길이 아무 데도 없다는 체념의 말을 곧잘 한다. 그렇지 않다. 찾지 않으니까 길이 없는 것이다. 빈대처럼 필사적인 노력을 안 하니까 방법이 없어 보이는 것이다.

정주영, 《시련은 있어도 실패는 없다》

혼이 담긴 눈빛은 사랑의 눈이다. 눈빛이 닿는 곳에서 풀잎들이 일어서고 새가 노래 부른다. 말로 전달하는 것보다 눈빛으로 전달하는 사랑이 상대방을 더욱 실하게 키운다. 나뭇가지에 열매를 맺게 하는 것은 땅속에서 묵묵히 흐르는 물이지 소리내며 흐르는 큰 강물이 아니다.

지난겨울을 따뜻하게 보낼 수 있었던 것은
내 안에 남아 있는 그대의 눈빛 때문이었습니다.
개나리의 꽃망울을 보고 있다는
그대의 문자를 받았을 때
가지 끝에서 환하게 터지는 꽃들의 아우성을
여기에서도 들을 수 있었습니다.
그대의 눈빛으로 인해
개나리는 또 한 번 아름다운 삶을 살 수 있었겠지요.
봄의 오르가슴을 노래했겠지요.
얼마나 갈망하던 사랑이었기에
잎이 나오기도 전에 꽃을 먼저 피웠을까요.
그대의 눈빛에는 무엇이 있기에
내 가슴에 흐드러지게 꽃불이 피어오르고 있는 것일까요.
쉼 없이 타는 것일까요.

혼이 담긴 눈빛은 사랑의 눈이다. 눈빛이 닿는 곳에서 풀잎들이 일어서고 새가 노래 부른다.

자신을 위해 눈물 흘리지 말고 울고 있는 사람을 위해 함께 울어주자. 다른 사람을 위해
흘리는 눈물이 자신의 내 얼굴을 먼저 씻어주고 있음을 알게 되는 때가 있다.

그대의 눈물 속에서 내 삶이 맑아지는 것을 보았습니다. 상처도 오히려 빛나는 삶의 무늬가 될 수 있음을 그대는 말하고 있었습니다. 가장 따뜻한 눈물의 언어로.

ⓒ 이라영

눈물을 흘리자

사람들이 자기 자신을 위해서는 눈물을 잘 흘리지 못하는 것 같다. 그런데 어쩐 일인지 다른 사람을 생각할 때면 눈물이 쉽게 흐른다. 오로지 그 사람을 생각하는 진정성으로 눈물을 흘리는 것인지 혹은 일정 부분 나를 위한 눈물이 섞여 있는지 명확하게 분간이 되지 않지만, 아무튼 그런 것 같다.

좀 지난 일이라 뚜렷하게 기억나지는 않지만, 고 김현경이라는 여인이 있었다. 결혼해서 5살배기 아들을 두었는데 안타깝게도 33세의 나이에 직장암 말기의 진단을 받았다. 시한부의 삶을 사는 고통 속에서 그녀는 자신의 인터넷 카페에 글을 올리기 시작했다. 주옥 같은 글을 보고 수많은 사람들이 눈물을 흘렸다. 그녀의 글에도 똑같은 말이 있었다. "자신을 위해서는 눈물이 나지 않는데 다른 사람을 위해서 기도를 하다 보면 항상 눈물이 난다." 그 말을 보면서 나도 눈물을 흘렸었다.

당시에 나는 삶의 큰 고비에서 신음하고 있었다. 직장에서의 스트레스와 무절제한 생활로 인해 건강이 나빠져 있었다. 막 마흔을 넘어선 때였다. 생애 처음으로 병원에 몸져누웠다. 퇴원하고 몇 달이 지나자 이번에는 15년 동안 다니던 회사로부터 쫓겨났다. 나라 경제가 크게 어려웠던 시절이었다. IMF 시대라고 불리던 캄캄한 어둠 속이었다. 끝도 모를 터널을 지나고 있었던 것 같다.

여기저기 이력서를 내고 손을 대보았으나, 허사였다. 채용은커녕 회사마다 해고의 광풍이 불던 시절이었다. 고난은 떼지어 온다더니 거기에 친구 보증 선 것이 잘못되어 재산을 다 날려버렸다. 집도 날아갔고 퇴직금도 사라졌다.

불과 몇 달 사이에 내게 일어나고 있는 일련의 시련들이 남의 일처럼 낯설게만 여겨졌다. 정말 남의 일 같았다. 한숨은 났지만 눈물은 나지 않았다. 희망이 없으니 술 맛도 없었다. 사는 낙이 없었다. 죽음이 꼭 멀리 있는 것만은 아니라는 것을 그때 느꼈다.

그 무렵에 주위 분의 권유로 신앙을 갖게 되었다. 나이 들어 시작한 신앙은 그러나 뿌리내리기가 쉽지 않았다. 딱딱하게 굳은 땅에 씨앗을 뿌리는 것과 마찬가지였다. 당시에 '아버지 학교'라는 프로그램에 참여하게 되었다. 나를 점검해볼 수 있는 소중한 기회였다.

다른 사람의 고백을 들을 때였다. 나는 많은 눈물을 흘렸다. 어쩜 나와 똑같은 슬픔을 지닌 사람들이 세상에 이렇게 많을까, 생각했다. 얼마나 잘못 살아왔는지를 뼈저리게 느꼈다. 내 삶을 진지하게 반성해본 것은 철들고 나서 그때가 처음이었다.

다른 사람의 이야기 때문에 흘리기 시작한 눈물이 이제 나를 향해 흐르고 있었다. 이후로는 걸핏하면 눈물이 흐른다. 아름다운 것을 보아도 그렇고 슬픈 것을 보아도 그렇다. 가슴에 구멍이 생긴 것 같다. 바람만 불어도 가슴에서 피리소리가 난다.

자신을 위해서 눈물 흘리지 말라는 것은 자칫 자기연민에 빠질 수 있기 때문이다. 다른 사람을 위한 연민은 상처에 호, 하고 입김을 불어주는 것이지만 자기연민은 다르다. 상처가 아물려는데 스스로 딱지를 떼어내는 짓이다. 상처의 기억을 되살려놓는 행위다. 누구에게도 도움이 되지 못한다. 그러니 자신을 위해서는 쉽게 눈물 흘리지 말자.

대신에 울고 있는 사람을 위해서 함께 울어주자. 많은 말로 위로하려 하지만 실제 아무 말도 필요 없을지 모른다. 백 마디의 말을 눈물이 대신하지 못하랴. 다른 사람을 위해서 흘리는 눈물이 사실은 내 영혼을 먼저 씻어주고 있음을 알게 되는 때가 있다.

자신을 위해서는 눈물이 나지 않는데 다른 사람을 생각할 때면 눈물이 쉽게 흐른다.

나는 비 오는 날을 좋아한다. 내 눈물의 반은 비 오는 날 흘렸을 것이다. 비 오는 날은 쉽게 감동하게 된다. 내 가슴속에도 아직 여린 섬모纖毛가 출렁이고 있음을 본다. 감동하는 만큼 삶이 따스하고 맑아지지 않을까.

그대를 사랑하는 이유가 어디 한두 가지겠습니까마는
나를 위해서 눈물을 흘리고 있던
그대의 모습을 나는 잊지 못합니다.
내가 본 가장 아름다운 눈물이었습니다.
그대의 눈물 속에서 내 삶이 맑아지는 것을 보았습니다.
상처도 오히려 빛나는 삶의 무늬가 될 수 있음을
그대는 말하고 있었습니다.
가장 따뜻한 눈물의 언어로.

마무리를 잘 하자

마무리를 잘 하자. 어떤 일이든 "일 퍼센트의 가능성이라도 대강 보아 넘기지 말 것이며, 구십구 퍼센트의 완성에도 자만하지 말라."는 말이 있다. 처음 시작할 때의 자세와 마지막 마무리할 때의 자세를 두고 한 말이다. "성공과 실패는 최후의 5분에 달려 있다."는 말도 있다.

군대에서 제대를 앞둔 고참병들에게는 껌도 씹지 말라고 경고한다. 껌 씹다가 이가 빠질지 모르니 하는 말이다. 다 이루었다고 방심하다가 그만 일을 그르칠 수 있다는 얘기다. 그래서 아예 신참 이등병처럼 행동하라는 말도 한다.

이제 우리는 여행의 끝자락에 와 있다. 발걸음도 조심하고 입도

큰일에는 누구라도 열심히 하기 마련이다. 그러나 작은 일에 정성을 다하기는 쉽지 않다.
반집의 승부에 목숨 거는 이가 세상을 손에 쥐고 있음을 생각할 일이다.

조심하고 짐도 잘 챙기자.

 2005년 프로야구 우승팀 삼성의 '철벽 소방수'로 이름을 떨치고, 2006년 월드베이스볼클래식(WBC)에서도 우리 대표팀의 마무리 투수로 화려한 피칭을 선보였던 오승환 선수가 화제가 됐었다. "지금도 신인이라고 생각한다. 지난 영광은 머릿속에서 모두 지우고 다시 시작하는 마음으로 팀 우승에 보탬이 되겠다." 각종 찬사에도 불구하고 그는 시종 겸손했고 다시 처음처럼 시작하겠다고 했다. 마무리 투수의 부담감이 사람을 그렇게 만든 것일까. '돌부처'라는 별명처럼 표정이 거의 변하지 않는다. 그래서 믿음직스럽다.

 프로바둑계의 돌부처 이창호 기사는 마무리 끝내기가 너무 훌륭해 '신산神算'으로 불린다. 반집 승부는 신의 영역으로 치부되어 흔히 운으로 여겨졌었다. 그러나 매번 반집을 이기는 이창호는 항상 운이 좋았던 것일까. 사람들의 생각이 바뀌지 않을 수 없었다.

 열심히 일하는 것은 당연하다. 하지만 열심히 하기만 해서는 벽을 뛰어넘을 수 없다. 정상에 설 수 없다. 반집을 두고 계산에 피를 말리는 사투를 벌여야 한다. 큰일에는 누구라도 열심히 하기 마련이다. 그러나 작은 일에 정성을 다하기는 쉽지 않다. 반집의 승부에 목숨을 거는 이가 세상을 손에 쥐고 있잖은가.

 이창호 기사는 불리한 바둑을 어떻게든 팽팽한 계가(바둑을 다 둔 뒤에 이기고 진 것을 가리기 위해 집 수를 헤아리는 일) 바둑으로 이끌어내고 계가 바둑이라면 다시 반집 승부로 이어간다고 한다. 그는 한 칼로 승부를 결정지어버리는 그런 스타일이 아니다. 상대를 노려보지도 않는다. 그의 무심한 표정 앞에서 상대는 스스로 무너지는 것이다.

몇 해 전, 서울 근교에 있는 산에 등산을 갔다가 이창호 기사를 우연히 만난 적이 있었다. 텔레비전에서 보던 표정 그대로였다. 너무 반가워 악수를 청했다. 수줍게 웃으며 내민 손을 잡은 나는 깜짝 놀랐다. 여자 손처럼 작고 부드럽고 예쁜 손이었기 때문이다.

나는 왜 강한 팔을 상상했던 것일까. 세상을 제패한 손은 왜 강하고 억셀 것이라고 여겼을까. 조용조용 걸어가는 이창호 기사의 뒷모습을 보면서 나는 참 기분이 좋았다. 반집을 계산해내는 눈빛은 너무나 따뜻하고 부드러웠던 것이다.

마무리의 가장 황홀한 완성을 표현한 고사성어가 있다. 화룡점정畵龍點睛, 무슨 일을 할 때 최후의 중요한 부분을 마무리함으로써 그 일이 완성되는 것, 또한 마지막 일로 인해 전체가 돋보이게 됨을 비유한 말이다.

양梁 나라의 장승요가 어느 절에 용 두 마리를 그렸는데 눈동자를 그리지 않았다. 사람들이 이상하게 생각하여 그 까닭을 묻자 "눈동자를 그리면 용이 날아가버리기 때문"이라고 대답하였다.

사람들이 그 말을 믿지 않아서 그는 용 한 마리에 눈동자를 그려 넣었다. 갑자기 천둥이 울리고 번개가 치며 용이 벽을 차고 하늘로 올라가버렸다. 눈동자를 그리지 않은 용은 그대로 남아 있었다. 생각만으로도 너무 아름다워 황홀해진다. 삶에서도 그럴 수 있다면 얼마나 좋을까.

버나드 쇼의 묘비명 이야기를 들었다.

"나 우물쭈물하다가 이렇게 될 줄 알았다."

얼마나 웃었는지 모른다. 눈물이 나도록 웃었다. 숫제 엉엉 울었다. 웃을 일이 아닌 줄 알면서도, 울 일이 아닌 줄 알면서도…….

← 변하는 것과 변하지 않는 것, 흐르는 것과 흐르지 않는 것, 헤어져 있는 것과 함께 있는 것이 크게 다르지 않다는 것을 바이칼은 가르쳐주고 있다.
ⓒ 김하수

행복 바이러스가 되자

행복 바이러스가 되자. 어떻게 하면 다른 사람을 행복하게 할 수 있을까. 나는 지난 생애 동안 몇 사람이나 행복하게 하였던가. 나로 인해 행복했노라고 기억하는 사람이 몇이나 될까. 내게 묻고는 절망했다. 한 사람도 뚜렷이 떠오르지 않았다. 전혀 없는 것은 아니었다. 이를테면 어머니가 떠올랐다. 그러나 곧 사라졌다. 내가 어머니의 마음을 아프게 했던 수많은 일들이 생각났기 때문이었다.

세상을 고작 이렇게밖에 살지 못했던가. 자책과 좌절은 계속되었다. 주위에 있는 사람들의 얼굴이 떠올랐다가는 곧 사라졌다. 수많은 사건들이 보였다가는 이내 지워졌다. 환상 속으로 빠져 들

행복을 막는 진짜 적은 질투, 미움, 자만심, 두려움같이 마음속 부정적인 감정들이지 밖에 있는 것이 아니다.

어갔다가 나왔다가 한참을 그랬다. 문제와 답이 보이는 듯했다. 나 스스로가 행복하지 못했다는 것이 첫째 원인이었고, 다음은 다른 사람의 행복을 위해 살아보려는 생각을 절실하게 하지 않았다는 점이었다. 일의 성취라는 관점에서 삶을 보려고 했지, 행복이라는 관점으로 보지 못한 것이다.

"위만 보지 말고 아래도 보아라." 언젠가 힘든 일이 있을 때 어머니가 그렇게 말씀하셨다. 지금보다 못했던 시절을 기억하고 더 어려운 사람이 있다는 것도 생각해보라고, 절대 자책하지 말라고. 오묘한 힘이 그 말 속에 담겨 있었다.

행복의 길은 내 안에 있다. 행복을 막는 진짜 적은 마음속 질투, 미움, 자만심, 두려움같이 부정적인 감정들이지 밖에 있는 것이 아니다. 행복은 필요한 것을 얼마나 많이 갖고 있느냐보다 불필요한 것으로부터 얼마나 자유로워졌는가에 달려 있다는 법정 스님의 말을 음미해볼 일이다. 따지고 보면 행복도 습관이다. 좋은 일이 있어서 행복해진다기보다 행복감에 젖어 있다 보면 좋은 일이 더 많이 생긴다는 것이다.

바이러스는 생존에 필요한 것을 다 갖추지 않고 숙주 세포에 의존해서 살아간다. 에이즈를 일으키는 바이러스의 경우, 우리 면역 체계를 지휘하는 세포를 숙주로 삼아 그곳을 점령해버린 후에 자신을 복제 증식해나간다. 외부에서 우리 몸에 침입하는 세균 등에 대항하여 싸워야 할 면역계가 점령당했으니 미약한 적이 침입해도 무너질 수밖에. 우리를 무너지게 하는 것들이 꼭 에이즈뿐이던가. 두려움, 절망, 미움 등이 마음을 파괴하는 데 있어서 에이즈만 못하던가.

바이러스는 종류에 따라 전파 경로가 다양하다. 혈액이나 체액처럼 직접적인 접촉을 통해서만 전파되는 것이 있는가 하면 공기를 통해서 전파되는 것도 있다. 행복 바이러스도 마찬가지다. 우리가 행복을 느끼는 대상이나 경로가 저마다 다르듯이 다양하게 전파될 수 있다. 전화 한 통화로, 문자 몇 마디로도 행복해지는가 하면, 얼굴을 보고 손을 잡아야만 하는 경우도 있다.

행복 바이러스가 된다고 하여 그것이 오로지 남을 위한 것만은 아니다. 봉사와 희생은 자신에게도 행복을 가져온다. 행복 바이러스가 되는 것은 다른 사람에게 향수를 뿌려주는 것과 같다. 뿌리는 동안에 자신도 좋은 향기를 맡는다. 행복해지는 방법이 한두 가지랴마는 가슴에 사람을 품고 있을 때처럼 행복한 순간이 또 있을까.

설원은 은빛 양탄자를 깔아놓은 듯 시리도록 눈부시다. 비우고 비우고도 더 가벼워지려는 수행자처럼 홀로 앉은 게르. 바람은 어지러이 불어오는데……. 몽골 전통 가옥 게르

다시 시작하자

"당신은 다시 시작할 수 있어요."

우리가 듣는 말 중에 이처럼 힘이 되는 말이 있을까, 시들고 있는 마음에 생명을 불어넣는 말이 또 있을까.

우리는 하루를 깊은 어둠 속에서 시작한다. 한해를 춥고 삭막한 겨울의 한가운데서 시작한다. 시작은 모두 그렇다. 시작하지 않는 사람만이 자신의 처지를 춥고 어둡다고 탄식하며 이미 시작한 사람을 부러워하고 있을 뿐이다.

세상에 완벽한 출발은 없다. 아직도 출발하지 못한 채 미적거리고 있는 것은, 포기하려는 그럴싸한 구실을 찾는 것인지도 모른다. 많은 사람들이 '그냥' 시작한다. 두렵고 떨리지만, 별로 내키지 않는 점이 많지만 어쩔 수 없이, 내가 할 일이기 때문에 시작하는 것이다. 밥벌이를 위해 하는 일만큼 성스러운 것도 없다. 당사자에게는 그런 일이 성직聖職이다. 그러니 성스럽게 받아들여야 한다.

새롭게 시작하는 것은 가슴 설레는 일이면서 또한 고통의 길이다. 그 고통은 피할 수 없다. 누구라도 마찬가지다. 얼마 전, 〈오골계 문화제〉에서 알을 깨고 나오는 병아리를 바로 눈앞에서 본 적이 있다. 몇 시간에 걸친 고난을 딛고 한 생명이 태어나고 있었다. 장엄하고 아름다웠다. 여린 날개에 묻어 있는 핏자국을 보면서 사람의 눈이 얼마나 시큰거렸던지 모른다.

60~80년을 산다는 솔개는 날짐승으로서는 가장 장수하는 새라고 한다. 그러나 40년 정도를 살다 보면 부리, 깃털, 발톱이 다 상해서 사냥을 하기가 어려워진다. 이때 두 부류의 솔개로 나뉘는데, 하나는 부리가 상했으니 죽은 동물만 먹는 부류고 다른 하나는 새롭게 부활하기 위해 자신과의 싸움을 벌이는 부류라는 것이다.

그런데 그 부활의 과정이 만만찮다. 높은 산 절벽이 있는 곳으로 가 자리를 잡고 돌을 쪼아댄다. 부리가 다 닳아 없어질 때까지 쪼아댄다. 피투성이가 되는 것은 물론이다. 아무것도 먹지 못한 채 며칠을 보낸다. 그리고 나면 새로운 부리가 자란다. 새 부리가 자라면 발톱을 쪼아서 발톱을 다 뽑아낸다. 깃털도 마찬가지로 뽑

새롭게 시작하는 것은 가슴 설레는 일이면서도 또한 고통스러운 길이다. 그러나 그 고통을 피할 수는 없다. ⓒ 김정국
울란바토르의 수흐바토르 광장에 있는 수흐바토르 장군(몽골 혁명을 이끈 정치가 겸 혁명가) 동상

아낸다. 마침내 새로운 부리, 발톱, 깃털을 가지게 되어서 전혀 다른 새로운 새로 부활하는 것이다.

사람도 마찬가지 아닌가. 인생의 어느 고비에 서면 문득 많은 것이 변하고 있음을 직감하게 된다. 치아가 상하고 어깨가 결리고 배가 나오고 술에 약해진다. 어디 몸뿐이던가. 밥벌이의 무기라고 할 수 있는 업무 노하우도 더 이상 경쟁력을 잃었다. 녹슨 칼이 되었다. 모험이 싫어지고 변화가 두렵다. 갈수록 패기마저 없어진다. 더이상 이룰 것이 없는 양 안주하려 한다. 이것이 솔개와 다른 점이다. 죽은 먹이를 먹으며 편안하게 살아가는 솔개 인간들은 그럴싸한 논리로 자신을 변명하려 한다.

'미국의 샤갈'로 불리는 화가 리버만은 여든한 살에 그림 공부를 시작했다고 한다. 일흔네 살에 은퇴한 후 바둑을 두며 소일하던 중, 하루는 바둑 파트너가 약속을 어겨 혼자 무료한 시간을 보내고 있었다. 한 젊은 봉사자가 말했다. "그림을 한번 그려 보시지요." 곧 리버만은 화실을 찾았고 놀라운 재능을 발휘했다.

그는 곧 '원시의 눈을 가진 미국의 샤갈'로 불렸고 그림은 불티나게 팔렸다. 백한 살에 스물두 번째 개인전을 열어 세상을 놀라게 했다. 다만 시도하지 않고 있을 뿐, 우리에게 너무 늦었다고 말할 수 있는 때는 없다.

지난 것은 잊자. 그래야 다시 시작할 수 있다. 마음이 아팠던 것, 실패한 것, 이제 그만 뱉어버리자. 비가 내리기를 기도했다면 가뭄을 잊고 어서 우산을 챙겨 길을 나서자. 밖에는 비 올 낌새가 아직 없을지도 모른다. 사람들이 비웃을지도 모른다. 그래도, 그런 때일수록 아이가 엄마를 믿는 것처럼 나 자신을 믿어야 한다.

  우리도 한때는 잊기의 선수들이었다. 어렸을 적에는 누구나 다 그랬다. 그래서 행복했다. 즐거운 일도 쉬이 잊었지만 괴로운 일도 돌아서면 씻은 듯이 잊어버렸다. 그래서 아침은 늘 새로운 출발이었다. 멋진 도전이었다. 그때 벌였던 전쟁치고 아름답지 않은 것이 하나도 없었다.

"나도 다시 시작할 수 있을까요?"
누가 이렇게 묻는다면 뭐라고 답하겠습니까.
'이제부터라도 다시 시작해볼까' 스스로 그렇게 묻고 있다면 지체 없이 "그래, 그러자!"라고 대답하지 않으시겠습니까.
사랑하니까…… 사랑은 언제나 새로운 시작이니까.
그대로 인해 내 삶은 새롭게 시작되었습니다.
기적이라고밖에는 할 수 없는 일이 내게 일어난 것입니다.
춥고 어둡던 방에 밝고 따뜻한 빛으로 그대가 오셨습니다.
오랜 세월 동안 퇴화되었던 눈이라서
나는 그대를 제대로 바라볼 수조차 없었습니다.

지금 어느 길로 가고 있는지도 모르겠습니다.
아마 빛에 익숙해지는 시간이 좀 필요한 것이겠지요.
그러니 나를 잘 이끌어주셨으면 좋겠습니다.

우리의 사랑이 아무리 뜨겁다 한들
한 번에 바다를 이룰 수야 있겠습니까마는
그러나 시간은 너무 더디 흐르고 그리움은 안타깝기만 합니다.
그대의 삶에 드리워진 그늘을 보고 울었습니다.
많이 무거우면 조금씩 내려놓으시고
답답하면 창문을 열어 놓으시기 바랍니다.
내가 그랬던 것처럼
그대의 삶에도 지금 빛이 필요한 것인지 모르겠습니다.
새로운 삶의 시작이 그대에게도 기적처럼 임하기를 기도합니다.
이제 확실히 알 것 같습니다.
사랑은 언제나 새로운 시작이라는 것을.

← 매일 매 순간이 새로운 시작임을…….

꿈 너머 꿈

연 날리는 소년은 꿈을 날리고 있었다. 연은 먼 곳에 대한 동경이었고 그리움이었고 꿈으로 인도해가는 안내자였다. 연실을 잡고 있는 한, 소년은 무엇이라도 될 수 있었다. 선생님도 되었고, 이순신 장군도 되었고 공주를 찾아가는 왕자가 되기도 했다.

연 날리는 동안에는 추운 줄을 몰랐다. 빈 들판에 부는 겨울바람이 오죽했으랴만 연을 바라보고 있는 한, 소년의 눈빛은 뜨겁기만 했다. 같은 길일지언정 학교 갈 때와 연 날릴 때의 대기는 그렇게 달랐다. 바람이 불 때마다 소년은 연을 생각했다. 바람이 세게 불수록 연이 더 신나게 난다는 것쯤은 누가 가르쳐주어서 아는 것이 아니었다.

가슴에 좋은 꿈이 있다면, 그 꿈이 끝없는 열정을 만들어낼 것이다.
바이칼 호에서 꿈을 접어 날린 종이비행기

언제쯤이었을까, 내 삶이 쓸쓸하고 춥다고 느끼기 시작하던 때가. 이루지 못한 것이 많아서였을까. 갖지 못한 것이 많아서였을까. 뜻대로 되지 않는 환경에 절망하고 끝없이 불어오는 바람에 지쳤던 것일까. 바람은 늘 내 품을 헤집어대기 일쑤였지만 어떤 시원한 해답도 없었다.

여행 중에 고도원 씨의 '꿈 이야기' 시간이 있었다. 얘기를 들으면서 나는 홀로 상념 속으로 빠져들었다. 내게도 꿈이 있었던가. 언제 꿈을 잃어버렸던 것일까. 세파에 시달리다 보니 그런 것이라고, 먹고살려다 보니 그런 것이라고 버릇처럼 말하고는 쓸쓸하게 나를 바라보았다.

어려서는 알았던 것을 어른이 되어서 모르게 되는 것도 있나 보다. 바람이 세찰수록 연이 더 잘 나는 것처럼 환경이 춥고 어려울수록 꿈이 찬란히 나부낄 수 있음을 왜 생각하지 못하였을까.

고도원 씨는 특히 '꿈 너머 꿈'을 얘기했다. 꿈을 이룬 다음 그 꿈을 어떻게 승화, 발전시켜야 할 것인가를 생각해야 한다는 것이다. 이를테면 대통령이 되고자 해서 그 꿈을 이룬 사람들이 있지만 꿈 너머의 꿈을 가졌던 대통령은 우리 역사에 많지 않다는 말이었다.

그날 밤 나는 수없이 많은 꿈을 생각해냈다가 지워버렸다. 알혼 섬에서였다. 얼음 우는 소리를 들으려고 얼음바다로 나갔다. 깊은 밤이었다. 언덕에 서니 몸이 바람에 날아갈 듯하였다. 그러나 조금도 춥지 않았다. 얼음 우는 소리는 듣지 못했지만 나는 행복했다. 바이칼을 보는 동안 빈 들판에 서 있던 소년과 그가 날리던 연을 찾게 된 것이다.

그 자리에서 나는 한 가지 꿈을 꾸었다. 아니 꿈 같은 이야기를 생각하고 있었다. 그것은 우화 같은 소설이면서 소설 같은 실화였다. 장 지오노가 쓴 《나무를 심은 사람》이라는 이야기다.

프랑스의 어느 고원지대, 원래 이곳은 숲이 무성했고 사람들이 마을을 이루어 행복하게 살던 곳이었다. 그러나 사람들이 나무를 베어내기 시작하면서 황폐한 곳으로 변하기 시작했다. 그리고 사람들도 떠나갔다. 폐허로 변한 그곳에 한 사람이 들어왔다. 양치기 노인이었다. 얼마 전에 그는 아내와 아들을 잃고 크게 상심해 있었다.

그는 산에 도토리를 심기 시작했다. 세상을 위해 좋은 일 한 가지 하고 싶었던 것이다. 누구의 땅인지 모르지만 산에 나무가 없으면 죽은 것이라고 여긴 그는 산을 살려낸다는 꿈을 안고 하루에 100개씩의 씨앗을 심기 시작했다.

몇 년이 지나자 나무가 자라났고 개울에는 물이 흘렀다. 꽃이 피고 새가 날아들었다. 사람들이 하나둘 마을로 들어오기 시작했다. 예전처럼 활기를 되찾은 것이다. 그러나 사람들은 양치기 노인이 한 일을 알지 못했다. 조금씩 조금씩 변함으로써 이 새로운 세상이 저절로 이루어진 줄로만 여겼던 것이다.

"세상 일이란 겉만 봐서는 모르는 거야. 특히 어떤 사람이 정말로 훌륭한 사람인지 판단하는 일은 쉬운 게 아니지." 이렇게 시작한 소설은 사람이 살 수 없는 황무지를 낙원으로 만들 수 있기에 인간이 위대하다는 것이 아니겠느냐고 하면서 끝을 맺는다.

그래, 이제는 춥다고 하지 말자. 지난 내 삶이 쓸쓸했던 것은 나 자신만을 생각하다 보니 그랬던 것이 아니었을까. 황무지에 심은 도토리에서 숲과 사람들이 행복하게 살아가는 모습을 보며 사십 년을 살아온 그 노인은 얼마나 따뜻한 삶을 살았겠는가. 가슴에 좋은 꿈이 있다면, 그 꿈이 끝없는 열정을 만들어낼 것인즉.

꿈을 이룬 다음에는 그 꿈을 어떻게 승화, → 발전시켜야 할 것인가를 생각해야 한다.
ⓒ 김하수

잃어버린 여행 노트

　여행을 떠나면서 노란 노트를 한 권 준비했었다. 여행 내내 들고 다니며 그곳에 메모했다. 처음부터 끝까지 죽 그랬다. 분명히 돌아오는 비행기에서 적은 기억까지 있는데 집에 와서 짐을 정리하다가 노트가 없어진 것을 알았다. 사라진 것이다. 옆자리에 앉았던 사람에게 연락해보고 항공사에도 알아보았으나 허사였다.

　모든 일정과 느낌 등을 그 노트에만 적었기에, 모든 기억을 잃어버린 것이나 매한가지였다. 머릿속이 텅 빈 것처럼 띵하고 멍했다. 메모지에 적어두게 되면 머릿속에서는 기억이 지워지는가 보다. 내부 기억장치와 외부 기록장치 간에 그런 소통이 있는 것인가. 며칠 동안 일이 손에 잡히지 않았다. 입맛도 잃었다.

여행의 본질은 새로운 나를 발견하는 데 있다. 자신의 소명을 깨닫고 자신과 화해하는 것이다.

리스트비얀카

나는 늘 문제투성이란 말이다. 떨어내야 하는 것들은 어쩌지 못하면서 꼭 필요한 것은 잃어버리고…… 숫제 내 인생을 협박하고 있었다. 이게 뭐냐. 잃어버릴 것이 따로 있지. 그곳에 혼을 죄다 쏟아놓고서 잃어버리면 어떡하겠다는 거냐. 이 넋 빠진 인간아. 무슨 말을 하라는 거냐. 할 말이 없는데. 내가 나랑 싸웠다. 어떡하든 잡아두었어야지. 그때, 그 사람 말이야. 헤어져서는 못 산다고 했어야지. 비난은 끝 간데없이 해묵은 것까지 들추며 계속되었다.

하는 수 없지. 다시 시작하는 수밖에. 이렇게 마음을 다잡기까지에는 몇 차례의 폭음과 자해가 계속된 후에 지쳐서 더 이상 어쩌지 못할 때 찾아오는 체념 같은 것이었다. 그러나 말이 체념이지 완전히 포기되는 것도 아니었다.

내가 메모해둔 언어들은 마치 컴퓨터에서 아이콘을 클릭하면 새로운 세상이 열리듯, 살아 있는 바이칼의 기운으로 통하는 비밀번호 같은 것이었는데 말이야. 그런 것이었는데, 기막힌 키워드들이었는데…… 마음을 고쳐먹은 후에도 이런 식의 탄식은 계속되었다.

치밀하지 못한 성품 탓에 나는 길 위에서 잃어버린 것들이 참 많았다. 오래된 일이다. 내 손으로 돈을 벌기 시작하면서 몇 달치의 월급을 모아 당시에 최고의 명품으로 불리던 카메라를 구입했었다. 사진을 좋아하던 시절이었다. 시간 나는 족족 사진을 배우고

찍었다. 그러다가 카메라를 가방째 잃어버렸다. 누가? 왜, 내 인생을 가져간 것일까.

너무 상심이 큰 나머지, 이후로 십여 년 동안 카메라를 쳐다보지도 못했다. 나는 그렇게 소심했고 쉽게 상처를 받았다. 카메라를 잃어버리고 낙심이 컸지만, 그러나 이번처럼 절망스럽지는 않았다. 마음만 먹으면 카메라야 똑같은 것으로 다시 살 수 있는 일이었으니까.

잃어버린 노트는 어디서 찾는단 말인가. 노란 노트가 바이칼 호수 위를 은행잎처럼 나부끼는 꿈을 꾸었다. 글을 쓰기 위해서는 다시 여행을 하는 수밖에 방법이 없었다. 바둑에서 복기하듯이 한 걸음, 한 걸음 처음부터 여행을 다시 하는 것이다. 환상 속의 여행이었다. 신기하게도 기억과 느낌들이 거의 되살아나는 것 같았다.

한편으로는 여행에 동행했던 사람들과 자주 만나고 바이칼 이야기를 나누었다. 한 달 반이 지날 때까지 소모임이 끊이지 않고 이어져갔다. 대전에서, 강촌에서, 연산에서, 일산에서, 그리고 서울에서 적게는 몇 사람이 만났고 많게는 수십 명이 모여 당시의 감회를 나누었다. 그때마다 바이칼은 우리 안에서 어김없이 살아났다. 이제 와 생각해보니 나의 바이칼 여행은 아직까지도 끝나지 않은 채 계속되고 있는 중이었다. 몸은 돌아왔지만 마음은 아직 그곳에 있는 것이다.

예전에 소 농장에서 소속을 표시하려고 소의 몸에다 화인火印을 새기는 것을 보았다. 몸에 매다는 표식보다 확실한 방법 아니겠는가. 당시에는 좀 아프긴 하겠지만.

가장 뚜렷하고 아름다운 아이콘을 남기려고, 북극성처럼 빛나는 화인을 내게 남기려고, 그렇게 내 안에서 아프게 타는 냄새가 진동했나 보다.

그대에게 가는 길을 잃고
길 위에서 방황하는 때가 많아졌습니다.
일 년이면 몇 개씩 잃어버리는 우산처럼
가끔씩 사랑을 잃어버리곤 합니다.
비 내리는 동안에는
어디 정신을 놓아버릴 여유가 있겠습니까마는
날씨가 개고 형편이 좀 풀리는가 싶으면 으레 그렇습니다.
그러니 우리 사랑을 위해서는 늘 비가 내리는 것이 좋겠습니다.
천둥이 무섭게 운다 한들 우리의 사랑을 위한 것이라면
기꺼이 받아들이겠습니다.
그대를 잃어버리는 것처럼 서럽기야 하겠습니까.

여행 노트를 가져간 대신에 바이칼은 내게 불도장을 새겼나 보다. 영원한 바이칼 소속이라고.

맺는 글

눈 속에 갇힌 적이 있었다. 자동차 여행 중 폭설이 내렸다. 도로가 얼어붙어 미끄러웠고 쉬지 않고 쏟아지는 눈 때문에 나아가지도, 돌아가지도 못한 채 산 속에서 밤을 새워야 했다. 기름은 떨어져가고 도움을 구할 데도 없는데, 이러다가 엔진이 서기라도 하면 어쩌나, 혹시 무슨 일을 당하는 것은 아닐까. 불길한 예감은 눈처럼 자꾸 쌓여가지만 달리 할 수 있는 일이 없었다. 그런데 그때 신기하게도 흩날리는 눈발을 보며 자꾸 노래가 흥얼거려지는 것이었다. 그것은 여유에서 나오는 것이라기보다 위험에 대한 무감각, 이를테면 설마 내게 나쁜 일이 일어날까 싶은 막연한 믿음 같은 것이 있었던 듯싶다.

그로부터 얼마 뒤, 참으로 추운 겨울을 맞았다. 색의 향연이 끝나고 세상이 느닷없이 황량한 빛깔로 바뀌면서 겨울은 왔다. 천지에 눈보라가 가득 흩날렸지만 노래를 흥얼거리지는 않았다. 십오

년간 다니던 회사로부터 쫓겨나오니 세상에 홀로 버려진 기분이었다. 내 나이 마흔에 들어섰을 때였다. 파탄 난 경제로 온 나라가 신음하던 중이었다. 건강도 좋지 않았고 다른 시련도 연이어 몰려왔다. 돌이켜보면 봄부터 가을까지는 꿈처럼 허망하게 사라져버린 것 같고 겨울은 길기만 했다. 삶도 어쩌면 계절처럼 겨울이 유독 길고 추운 것인지 모르겠다는 생각이 들었다. 캄캄한 어둠 속에서 길을 잃고 숲처럼 낮게 울었다. 이후로 전보다 추위를 더 많이 탔고 상처는 쉬 아물지 못한 채 바람만 불어도 아픔을 느꼈다.

〈고도원의 아침편지〉를 처음 받아본 것이 그 즈음이었다. 신선한 감동이었다. 짧고 좋은 글이 수백만 송이의 눈처럼 전국의 산하에 흩날리는 모습을 상상하니 아름다웠다. 아마동(아침편지 마라톤 동아리)에 참여하여 마라톤을 시작했다. 얼떨결에 따라나선 길에 고도원 님을 만났다. 달리기를 마치고 뒤풀이를 하는 식사 자리에서였다. 그는 마라톤을 하면 인생이 바뀐다고 역설했다. 글 쓰는 사람이라더니 뻥이 좀 세구나, 라고 생각하며 그냥 웃었다.

비가 오나 눈이 오나 토요일이면 강변을 달렸다. 그렇게 몇 달이 지나자 조금씩 변화가 오는 듯했다. 담배를 끊었고 건강도 되찾았다. 힘들기만 하던 달리기가 즐겁게 느껴지기 시작했다. 이후

자전거로 출퇴근을 했고 등산도 다니기 시작했다. 아마동 회원들과 처음 도봉산에 갔을 때의 감동과 충격을 잊을 수 없다. 내가 사는 가까운 곳에 이렇게 멋진 산이 있는데 단 한 번의 눈길도 주지 않았다니. 더구나 산에서 태어나 산에서 자란 내가 아니던가. 그때의 충일한 감흥을 글로 써서 아마동 나눔터에 올렸다. 뜻밖에 사람들의 반응이 좋았다. 그리고 그것은 내가 글쓰기에 흥미를 느끼기 시작한 계기가 되었다. 따지고 보면 엄청난 변화였다. 일과 자신의 문제밖에 모르던 내가 교제 관계도 넓어지고 취미도, 생각도 다양해졌으니 인생이 바뀐다던 그 말이 결코 허풍이 아니었음을 인정하게 되었다.

　어머니를 좋아하지 않는 사람이 있을까마는 내게도 어머니는 특별한 존재였다. 큰일이 있을 때마다 나는 어머니를 찾았고 항상 해법을 가지고 돌아오곤 했다. 어머니에게 모든 문제를 털어놓은 것도 아니고 어머니가 특별히 무슨 말을 해주신 것도 아니었다. 그냥 집에 가서, 어머니 눈 한 번 마주치고 집 한 바퀴 휘 돌아보고, 고샅, 우물가, 동산, 냇가를 거닐다 오는 것이 전부인데도 머릿속이 정리되는 것을 느낄 수 있었다. 그런데 어느 때부터였을까, 어머니가 해결해주지 못하는 문제가 생기기 시작했다. 집 마당에 서서 하늘을 보면 내가 부초처럼 느껴지는 것이었다. 한 곳에 뿌리

내리지 못하고 헛것을 좇아 떠다니는 내 삶을 탄식하곤 했다. 아들이 내 곁을 떠나고 나서였다. 하나뿐인 아들이 하늘나라로 유학을 떠났다. 하룻밤 사이에 벌어진 일이었다. 이후의 삶은 또 많이 달라졌다. 너 없는 세상에 좋은 일이 있은들 무슨 소용이란 말인가. 기막힐 일이다. 좋고 아름다운 것을 보면 눈이 한 번 더 갔다. 더듬어 아들을 찾는다. 강변에서 맞는 아침햇살에서도, 해질녘 노을에서도, 새소리에서도 파도소리에서도 그리고 푸른 하늘에 떠가는 구름에서도 아이의 모습과 목소리를 더듬는다.

바이칼 여행을 떠나자는 권유를 받게 된 것이 그 무렵이었다. 마침 회사를 창업한 지 얼마 되지 않았던 때라서 하루 한 시간을 헛되이 쓰지 못하던 시기였다. 그 와중에서도 가고 싶은 열망이 간절하게 내 안을 흔들었다. 얼마 후 바이칼에 갔다. 몽골 평원을 달려 시베리아로 향해 가는 기차 안에서 끝없이 펼쳐진 설원과 자작나무 숲을 보고 있으면서 마치 꿈인 듯하였다. 시인이나 예술가가 아니더라도 그런 여행을 하다 보면 노래가 저절로 흘러나오는 것인가. 아무리 큰 고뇌와 절망의 마음을 품었더라도, 그렇게 아름다운 풍광에 마주치면 신비한 치유를 경험하고 어떤 예술작품에서 보다 진한 감동을 받게 되는 것인가 보다. 많은 생각을 하게 되었다. 아니, 생각이 저절로 솟구쳐 올랐다고 해야 할 것 같다.

어릴 적 잃어버렸던 연으로부터 소년 시절 품었던 선생님에 대한 사랑 등 도대체 그 생각이 왜 지금 떠오르는 것인지 알 수 없을 정도로 샘솟았다. 신기하게도 내 삶이 투명하게 보였다. 꼬인 실타래와 매듭과 가슴에 박힌 채 살이 되어버린 못까지도 죄다 보였다. 새벽 숲에서 홀로 울었다.

바이칼은 그런 곳이었다. 세속을 피해서 영혼을 정화하는 피정지 같은 곳. 옛날 우리 어머니가 이른 새벽 정화수로 삶을 씻듯이, 지치고 아픈 우리의 영혼도 그곳에서 쉼을 얻는 곳. 바이칼은 수백 개의 강으로부터 유입되고 오직 하나의 강으로만 유출되는 자칫 부패할 수 있는 구조로 되어 있다. 그런데도 지구상에서 가장 깨끗한 청정수를 유지하는 것은 수없이 많은 지진과 화산 활동을 통해 제 속을 뒤집어엎으며 끝없는 자정 작용을 하고 있기 때문이라 한다. 바다처럼 큰 호수가 자신의 몸 전체를 결박해버리고 바늘구멍 하나 없이 봉인한 채 겨울 수행을 하는 바이칼의 모습. 위대한 성자 앞에서 나는 자복하고 말았다. 그동안 살아오면서 얼마나 엄살이 심했던가. 스스로 무릎 꿇었다.

지금 나는 눈 덮인 산길에 있다. 새소리도 짐승의 발자국 소리도 끊긴 채 홀로 서 있다. 뒤돌아보니 내 발자국이 보인다. 눈이 자꾸 내려 희미해졌지만 그래도 뚜렷이 볼 수 있다. 눈이 내리고 바람에 쓸려 모양이 변했기 때문인가. 아니면 내 눈이 흐릿해진 것인가. 내 발자국이 꽃처럼 아름답게 보인다. 화선지 위의 그림 같아, 똑 따다가 방에 걸어두고 싶다. 생각해보면 지나온 삶은 자신과 화해하지 못하고 나를 괴롭혔던 자학의 시간이었던 것 같다. 이제 내 발자국이 아름답게 여겨지는 것은 무엇보다 큰 은혜이리라. 도대체 얼마나 걸린 것인가. 삶이란 그냥 사는 것일 거란 싱거운 생각에 이르게 되는 데까지. 무엇을 이룩하기 위해서 또는 무엇이 되기 위해서 산다는 그 무거운 짐을 벗어버리게 되기까지 너무 오래 걸렸나 보다.

신영길, 2007

신영길의 '바이칼 여행기'를 함께한 사람들

나는 연 날리는 소년이었다

김인준 님

파랗게 날선 낫으로 방패연 만들다 생긴 검지 흉터가 사십 년이 지난 지금도 남아 있어요. 그땐 녀석들과 연줄 잘라먹기 놀이에 해지는 줄도 몰랐지요. 연 날린 소년은 몸 어는 줄도 모르고 빈 들에 서서 산 너머 하늘을 바라보았고 그날 밤 꿈속에서 연을 보았다지요.

이영숙 님

자다가 일어나서 툇마루 요강에 앉아 오줌 누면서 마실 나간 엄마를 찾았죠. 울음 섞인 소리로 "엄마아!" 목청껏 길게 빼서 몇 번 외치면 어느새 어머니는 마당 안으로 들어서면서 "그래 울지 마라. 엄마 여기 있다." 뒷집 아래채 흙으로 지어진 작은 방에서 노시다가 막내의 울음소리 듣고 황급히 사립문 들어서시던 어머니가 생각나네요.

겨울의 심장

아토 님

다양한 삶의 문을 열어보고 싶지만 하나도 제대로 닫지 못한 것 같아, 다른 문이 열려 있어도 들여다보지 못합니다. 이제 꼭 하나를 닫아야만 새로운 문을 열 수 있다는 고집을 버려야 할 것 같아요.

봄날 님

그 겨울을, 가슴속에 우우- 하는 매운바람을 감추고 우리는 삽니다. 그 언젠가 오리라 기대하는 봄은 겨울바람 속에서 서로의 따뜻한 체온을 느끼며 나눌 때 오는 것이 아닐까요.

남이 아닌 사람들

구름 님

빙하기를 지나 해 뜨는 나라로 내려오던 때의 기억이 DNA 속에 살아 있는 것일까요. 그래서 이렇게 초원이 그립고, 바람의 고향 겨울의 심장인 시베리아가 안타까운 것일까요.

신동호 님

저는 정유년 닭띠랍니다. 지금에 와서 돌아보면 아무것도 이룬 것 없지만, 순수한 열정으로 노력한 흔적은 가지고 있지만, 다 부질없다고 생각했는데, 가슴 밑바닥에서부터 다시 꿈틀대기 시작하는 것은 무얼까요?

칭기즈칸의 편지

서선열 님

참으로 암담한 생활 속에 있습니다. 안절부절 못하게 하는 가족들의 아픔까지. 겨울 뒤에는 반드시 봄이 오게 되는 것이겠지요. 저 척박한 황무지에서 시대의 영웅 칭기즈칸이 탄생하였으니까.

안병출 님

언제나 현실에 안주하며 살아온 날들이 어쩌면 나를 이렇게 작고 나약하게 만들지 않았나 되돌아보며 반성합니다.

설원을 달리는 철마

김재숙 님

지난가을 기차를 타고 페테르부르크에 갔다가 발트 해를 보았지요. 하늘과 바다가 닿아 있는 그곳은 우리가 어렸을 적에 뛰어 놀던 뭉게구름 피는 언덕을 연상케 했어요.

조병기 님

8년 전 배낭여행으로 북유럽에 다녀오면서 마지막으로 시베리아 종주하자 했었는데 여의치 못했던 것이 지금까지 아쉬움으로 남아 있습니다.

연어의 귀향

큰도령 님
나에게도 연어처럼 회귀할 때가 어느덧 다가옵니다. 정퇴를 얼마 남겨두지 않은 지금 그 긴 세월에 마음만 봄바람처럼 비껴갑니다. 나의 고향도 남해 쪽빛바다가 눈앞에 펼쳐지는 곳. 그곳에 아버님이 잠들고 계셔 일 년에 두 번 다녀옵니다. 사정을 핑계 삼아 안 가려 하면 가슴속이 허전해서 서둘러 다녀오곤 하지요.

야간열차

김성돈 님
"진정한 여행은 새로운 풍경을 보는 것이 아니라 새로운 시야를 갖는 것이다."
-M. 프루스트

우영권 님
23년 직장생활 마감. 새롭게 시작한 제2의 인생. 사무실 문을 열고 손님을 기다리고 있는 나의 모습입니다. 지독한 고독은 찾는 이 없다는 것. 지독한 불행은 자신을 과소평가 하는 패배주의겠지요. "고객의 눈으로 고객의 마음으로" 하리라. 이 아침 두 주먹 불끈 쥐게 하네요.

자작나무

오순화 님
자작나무 숲길을 따라 그대를 만나러 가는 날은 내가 울고 싶은 날. 한 걸음 다가서면 헤진 맘 열라 하고 두 걸음 다가서면 그 살갑고도 살가움에 무너져내린다. 애써 외면해도 그대 앞에 서면 투정 같은 설움들이 앞서거니 뒤서거니 흰 눈처럼 날아온다. 오늘도 너로 인해 행복했다.

이춘원 님
내가 사는 땅은 꿈꾸는 마을. 종아리가 하얀 미인들이 옹기종기 모여 사는 아름다운 숲이 있는. 자작나무 숲에 이월이 휑하니 지나가고 겨울의 꼬리를 물고 오는 바람이 상긋 거리는 날 하늘은 한겨울을 하얗게 지켜온 그 높은 절개가 가상하여 자작나무 사이사이로 연둣빛 물감을 풀어 초록별 웃음을 한 움큼 뿌리며 간다.

선생님

Lee 님

어머니 계신 곳이 집이고 선생님 계신 곳이 학교라는 말이 자꾸 되뇌어집니다. 아름답고 소중한 것들을 보고 아름답고 소중하다 여기며 가슴에 담아 기꺼이 싹을 틔우려는 사람들이 있는 곳, 그곳이 배움이 일어나는 장소이고 학교이겠지요.

이르쿠츠크 이야기

함께지기 님

오늘, 나를 속이는 삶을 보았을지라도 훗날 소중함으로 기억될 것이기에 느낌으로 더듬으며 길을 다시 걸어갑니다.

새벽 숲에서

장광자 님

야생화가 아름답던 바이칼, 그 통나무집, 자작나무 숲을 끝없이 달리던 횡단열차, 창가에 기대 서서 부르던 노래, 그리고 물안개가 자욱하던 이르쿠츠크가 새삼 그리워집니다. 눈 내리는 겨울에 한 번 더 가리라 벼르기만 했네요.

유정

전제형 님

어린 시절에 KBS 'TV문학관'에서 〈유정〉을 방영한 것을 본 적이 있습니다. 아마도 최석 역에 윤일봉 씨였고 정임 역에 선우은숙 씨로 기억합니다. 배우 이름을 다 기억하는 것을 보면 꽤 마음 깊이 남았던 것 같습니다. 물론 그래서 소설도 읽어보았죠. 제 가슴속에 한 편의 아름다운 동화 같은 이야기로 남아 있는 이유는 마지막 장면 눈 덮인 바이칼 호수의 아름다움 때문이기도 하고, 감수성이 예민했던 시절에 인상 깊었던 이루어지지 못한 사랑의 애잔함 때문이기도 한 것 같습니다.

성황당 가는 길

솔방구리 님

지나온 날들을 꼭꼭 밟아 다지고 또 다져서 딛고 선 우리. 차마 못다 꾼 꿈 한 자락 서러이 남겨진 듯 하지만 그 날의 느낌과 오롯이 살아 있는 꿈들이 있기에 시베리아 그 드넓고 변화무쌍한 평원에서도 함께 고운 꿈을 꾸게 되는 것이겠지요.

똥 이야기

이성원 님

어머니 사시는 시골집에 갈 때마다 비슷한 경험을 하지요. 그러면서 도시 사람들의 똥은 도대체 어디로 흘러가는 것일까 생각해본 적이 있습니다. 아이들은 정말 어찌할 바를 모르지만 저는 그곳이 편안하답니다. 똥이 그 집, 적어도 그 마을에서 해결되면 오염물질이 아닌 것인데, 도시에서는 정말 어쩔 수가 없지요.

김정국 님

러시아 측간의 그 황당한(?) 경험에서 '이곳 화장실을 청소하려면 망치와 끌이 필요하겠다' 고 생각했는데…… 함께 웃음과 추억이 어우러진 행복에 젖어들어 봅니다.

얼음 바다

장윤수 님

가슴마다 접어둔 아픈 사연이 많습니다. 그 가슴 툭 건들면 다 쏟아집니다. 새벽녘 으레 늦게 들어오는 놈인 줄 알고 "어디 갔다가 이제야 왔어?"라고 잠꼬대처럼 되뇌었는데 어슴푸레 어둠 속에서 들려오는 말, 오래 전 집 나간 큰아들 놈 천연덕스런 목소리로 "음, 친구 만나고 왔어." 하더군요. 어디서나 또 만날 우리네 삶이 아닌가요. 이승과 저승이 다 우리 맘속이니.

이창수 님

얼음 위를 달리다 보면 호수가 말을 합니다. 얼음에 귀를 가까이 대면 쿵쿵 소리가 들립니다. 네가 지금 서 있는 곳은 어디냐고 묻는 것 같습니다.

부드런 바위 앞에서

김종호 님
대상포진이라 했다. 아내의 몸에 서너 개의 군집을 이룬 기생화산이 발생한 것이다. 어릴 때 수두를 앓은 후 이 바이러스는 신경세포에 잠복해 있다가 신체저항력이 약해질 때 갑자기 증식하여 신경이 분포하는 피부에 염증을 일으킨다고 한다. 애써 외면하며 살아가지만 가슴에 박힌 그 못은 때때로 불시에 우리를 찾아와서 우리의 삶을 벼랑 끝으로 몰아붙이곤 한다. 마치 어릴 때 앓은 수두 바이러스가 마흔 고개를 넘은 이 시점에 터져 나오듯.

노을이 님
매양 참는 척, 지는 척하며 더 깊은 못만 박고 살았네요. 나를 포기하다시피 그렇게 살았네요. 다들 그저 그렇게 사는 거라고, 사는 게 별거냐 그냥 흐르는 시간에 맡기며 살았네요. 꿈을 꾸면 그 만큼 커지는 고통이 두려워 아예 문 닫고 살았던 우를 이제 깨트려보고 싶네요.

숲 속의 사우나

명황 님
슬픔과 절망, 절대 절명의 그리움, 삶이 주는 고단함과 무미건조한 외로움, 견딜 수 없는 화로 온몸이 이글이글 끓을 때, 사우나 탕 속에서 비 오듯 쏟아지는 눈물을 줄줄이 땀방울로 얼버무려 씻어 내리곤 하지요.

멋진중년 님
모든 허울을 벗어던지고 사랑을 하자. 모든 껍데기를 훌훌 털어버리고 사우나 속에서 땀을 뻘뻘 흘리는 원초의 모습으로 돌아가, 우리 모두 사랑을 나누자. 관념과 추상으로 분식하는 그런 사랑이 아닌 진정한 하나됨의 사랑을 하자.

별들의 나라

안석현 님
애써 잊고자 했던 사랑이란 두 글자를, 이제는 마음에 두고 싶습니다.

맑은아침 님
사랑이란…… 너무나 분명해서 행복 반. 불행 반.

북두칠성

위민식 님

어렸을 땐 하늘나라 가신 아버지, 그리운 마음 별이 되어 날마다 그 별 헤다 잠이 들었고, 소녀 시절엔 갈증 난 사랑에 청솔가지 검은 연기만 가슴 안으로 꾸역꾸역 스며들었지요. 그 시절 태우지 못하고 짓눌러 놓았던 불씨가 이제 설움처럼 일렁이며 그리움의 바다를 이룹니다.

송한정 님

사내아이 낳게 해달라고 정화수 한 사발 떠놓고 칠성님께 기도하고, 온갖 양밥을 다 하고, 성황당에 가서 금식하고 100일 기도 했는데, 딸만 여덟 중 여덟째로 태어난 나는 날 때부터 불효를 했지요. 가진 살림 없었지만 막내 늦둥이 기 세워주고 최고로 해주신 부모님. 딸들 다 시집 보내고 가을날 아버진 하늘나라로 가시고, 어머니는 외로이 84세의 긴 겨울을 보내고 또 봄을 맞으십니다. 칠성님! 우리 어머니 외롭지 않게 해주시고, 오래오래 제정신으로 막내딸 이름 기억하고, 행복한 마음으로 건강하게 살아주시길, 비나이다. 비나이다.

아침

김대영 님

대학 다닐 때 지리산에서 15일간 혼자 지낸 기억이 새삼 되살아나네요. 지리산 정상에서 바라본 일출, 또 다른 하루를 밝히기 위해 떠오르는 태양의 진통과 여운, 끝없이 떨어지는 폭포수 밑에서 일주일간의 명상…… 진정한 자유를 느끼는 그곳에서 인간은 언제나 혼자임을 깨닫고 산을 내려온 적이 있습니다.

이수인 님

가장 맑고 가장 정결하고 가장 아름다운 아침에, 절대자의 영혼에 접속되어 오직 하나 떠오르는 단어는 사랑…… 그렇지요. 사람은 사랑하기 위해 존재하며, 사랑할 때 그 존재의 가치가 인정되지 않을까요.

신의 원고지

이상길 님

한때는 저도 눈물 많은 소년이었습니다. 언젠가 사나이는 눈물을 흘리면 안 된다기에 스스로 감정을 짓눌렀습니다. 결혼 후 아이가 태어나자 그 기쁨에 감성이 되살아나 슬픈 연속극을 보고도 눈물 지었습니다. 그런데, 아이들이 아빠 운다고 놀리더군요. 그리곤, 또 눈물이 메말랐는데, 지금 다시 소년이 되는 기분입니다.

조영남 님
봄 내음을 머금은 햇살이 이제 뉘엿뉘엿 저물려 합니다. 한가로움을 만끽할 수 있는 오후입니다. 봄이 오는 길목에서 바이칼 호수는 어떻게 꿈틀대고 있을까요? 문득 계절마다 바뀌는 자연의 모습이 참으로 경이로워 눈물이 나려는 오후입니다.

전화 이야기

이영숙 님
학교 다닐 때, 집에 전화하려고 우체국 가서 접수하고 1시간씩이나 기다려서 연결되면 이장님 방송 소리와 함께 어머니가 달려오시는데 이미 5분 정도 흘러버리죠! 할 말 몇 마디 하는데 30초 내지 1분이었죠. "엄마, 다음 주에 갈 테니 김치 담가줘요. 그리고 용돈도 없어요. 쌀도 가져와야 해요." "그래. 알았다. 몸은 안 아프냐?" "예! 그럼 끊을게요. 집에 가서 말할게요." 딸그락! 이 정도였지만 그 전화 한 통이 얼마나 가슴을 두근거리게 했는지……. 참 아련한 추억이네요.

정민재 님
그 시절엔 전화보다 편지를 많이 했던 것 같습니다. 우체부(집배원) 아저씨가 우리 동네까지 오기 어려워서 편지를 갖고 학교에 오셔서 저희들을 통해 전달을 하곤 했지요. 편지 봉투 들고 어르신들 집에 찾아가면 밭이다 산이다 죄다 나가서 안 계시고, 다시 저녁에 찾아가 전달해드리고 편지 읽어드렸지요. 어디 감정을 섞어가며 읽었겠습니까? 그냥 나오는 대로 읽어도 객지 나간 자식을 떠올리며 눈물 짓고 흐뭇해하시던 그 모습이 떠올라 찡한 마음과 함께 미소가 절로 납니다. 지금 당장 팔순이 넘으신 어머님에게 전화 한 통 드려야겠습니다.

그는 자유였다

송아지 님
자유를 가졌지만 감옥에서 사는 사람이 있고 감옥에 있지만 해변을 거니는 사람이 있고, 마지막이 또 다른 시작임을 아는 사람이 있고, 가장 자기다운 방법으로 자신을 사랑하는 것이 가장 자유로움임을 아는 사람이 있다. 법정 스님은 말씀하셨다. 우리는 늙음이나 죽음을 두려워해야하는 것이 아니라 녹슨 삶을 두려워해야 한다고, 삶이 녹슬기 시작하면 모든 것이 허물어진다고. 녹슨 삶이 되지 않기 위하여 오늘도 난 자유의 비상을 꿈꾼다.

오미숙 님
인간의 본래 이름은 자유라고 하더군요. 그리스 인 조르바가요. 정말 자유롭다는 것은, 외부의 시선과 자극으로부터 반응하지 않는 당당함과 담대함이라고, 온전한 내 자아라고 생각합니다.

인당수

김현철 님
감겨가던 눈이 떠집니다. "너는 봉사도 아닌데 눈을 감으려 하면 안 된다."는 큰 격려를 받고 갑니다. 저와의 만남을 반대하는 애인의 어머니께 저를 보여줄 수 있을 것 같습니다. 아니! 있습니다! 그 분은 저를 잘 모르시기에 오히려 제가 보여줄 게 많다고 생각합니다.

오늘은 님
한은, 마그마와 같지 않을까요. 압력에 의해 뜨겁게 녹아 잠재되어 있는 상태. 그 한을 건드리면 화산이 되거나, 땅속에서 굳어 돌이 되기도 하겠죠. 한은 자신의 내부에서 에너지원의 역할을 하고 있는 것이 아닐까 생각해봅니다.

정화수

바다정원 님
일주일 전부터 심한 몸살로 앓으셨던 엄마. 바쁘다고 찾아뵙지도 못했는데, 일에 지쳐있는 딸을 위해 겉절이와 청국장을 끓여 큰 통에 담아오셨습니다. 가시면서 볼을 한 번 쓸어주고 가십니다. 어머니의 손길에서 바이칼의 지진소리를 들은 것 같습니다.

류용철 님
군 생활 동안 면회 한 번 오지 않은 어머니에게 서운한 마음을 갖고 있었습니다. 어느 날이었습니다. 동네 아주머니 한 분이 집에 찾아오셔서 그러더군요. "누군가 했더니 이 집 둘째아들이네. 엄마가 매일 아침 해 뜨면 해 보고 기도하고 별 뜨면 별보고 기도하더니 그새 제대했구먼." 그 말이 가슴을 쿵하고 때렸습니다. 군 생활을 무사히 마칠 수 있었던 데에는 어머니가 계셨습니다. 자식 뒷바라지 하시느라 낮에는 밭에서 허리 한 번 제대로 펴지 않고 평생을 사신. 20년 가까이 지난 지금도 그 때의 가슴울림은 여전히 제게 남아 있습니다.

취하고 싶은 밤이었네

솔바람 님
하나의 얼음에 금이 가면 두 조각의 두 마음이지. 얼음일 땐 다시 맞추어도 금이 남지만 온전히 부서져 물이 되면 온전한 하나가 될 수 있겠구나! 그 무엇으로도 가를 수 없는…….

천리향 님
취하고 싶은 밤이든 취할 수밖에 없었던 밤이든 어차피 일상의 한 부분이지만, 취하고 싶은 밤엔 내가 있었으나 취할 수밖에 없었던 밤엔 내가 없었다는 차이가 아닐까.

밀주 이야기

빛고을방랑자 님
40여 년 전 할머니 댁에 놀러갔을 때 산길을 마다하고 개울 물길을 따라 돌을 밟으며 올라갔는데(하필 가죽 잠바까지 입어 가지고) 나를 세무서 직원으로 잘못 알고 온 동네가 비상이 걸려 그들의 박카스 격인 아까운 막걸리를 몽땅 버리는 법석이 일어난 점, 그분들께 깊은 사죄의 말씀을 올립니다.

jsiee 님
세무서에서 밀주단속을 나와서 발각될 뻔했는데 그때 내가 아니었으면 딱 걸릴 뻔했지요. 아버지가 밖에서 밀주 단속원들과 이야기하고 있을 때, 나는 방에서 밀주 항아리를 들고 윗방으로 가서 가만히 숨죽이고 있다가 그분들이 안방을 보고 난 후 뒤로 돌아서 윗방으로 올 때, 나는 그것을 들고 안방으로 가고…… 그래서 간신히 모면한 적이 있답니다.

영혼 맑은 사람들

신애영 님
바로 어제 남편이 자신의 불알친구에게 한 말이 있습니다. "영혼이 맑은 놈." 지금 오십대 후반을 접어든 그는 간암 치료를 받고 있는데, 남편과는 자식들이 부러워하는 친구관계입니다. 영혼이 맑은 놈이라는 표현이 얼마나 맑고 곱던지. 마음 한구석이 알알하게 아렸습니다. 50대 후반의 남자들도 저런 표현을 하는구나 싶어 자꾸만 남편의 얼굴을 바라보았습니다.

그대는 나의 목마름

이미정 님
막연히, 편안할 거라 생각했었습니다. 누구에게나 준비된 평화로운 아침이, 눈만 뜨면 다가와 손을 잡아줄 거라 생각했습니다. 누구에게나 때가 되면 찾아오는 불혹을, 불혹의 나이라서, 마음이, 생각이, 삶이 다 알아서 정리되는 거라 생각했습니다. 불혹인 지금 여전히 바람 많은 들판에서 흔들리고 있습니다.

김정민 님
불혹의 나이에 그리움도 설렘도 없이 하루의 날이 저물고 마는 게 아니겠냐오…… 그렇게 오해하며 살았던 젊은 날이 있었습니다. 헌데 우리에겐 아직도 새롭게 받아들일 숙명도, 아무리 마셔도 해갈되지 않는 그리움의 목마름과 사랑의 갈망도, 바이칼의 거대한 얼음 밑에 물결치듯 우리 마음 깊은 곳에 표표히 흐르고 있음을 감지합니다.

한 여자를 사랑했네

천금호 님
고뇌의 답은 역시 사랑입니까? 끝없이 느끼는 목마름도 사랑 때문인 게지요. 오히려 슬프고 안심마저 드는 뿌연 흐림은 어쩐 일인지요. 인간사 사랑 외엔 아름답고 감동을 주는 것이 없으므로.

김소이 님
이제야 알았습니다. 헤어져 있는 것과 함께 있는 것이 크게 다르지 않다는 것을! 부모님들의 숨결이 살아 있고 내 탯줄이 묻혀 있는 그곳이 결코 나와 멀리 떨어져 있지 않았다는 것을! 아니 내 눈 안에 담고 다녔다는 것을!

국경의 밤
떳목 님
비 오는 아침에 산을 보면서 얼마 후 떠날 여행을 생각합니다. 내 온 세포들 하나하나 낱낱이 일어서 내 전 존재로, 전 영혼으로 삶을 느끼고 싶습니다. 낯선 곳에서.

우리를 하나되게 한 것들
고현숙 님
열흘 만에 돌아와 앉았습니다. 자애롭고 고운 어머니를 숲으로 돌려보내드렸습니다. 돌아가시면서도 자식들을 배려하는 어머니의 기억이 가슴에 더께가 되어 아려옵니다. 봄이 되면 새순으로 피어오를, 여름 지나 가을 깊어지면 땅으로 내려와 이 나무 저 나무의 자양분이 되어주실 우리 어머니. 그리하여 산을 지키고 아름다운 산이 되실 우리 어머니. 자작나무 숲에 이는 바람에 별빛 담긴 그렁그렁한 눈물이 주루룩 뺨을 타고 흐릅니다. 수많은 영혼들을 그 청량한 바람과 물결조차 꽁꽁 언 바이칼의 깊은 호수 속으로 몰고 다니며.

마음을 활짝 열자
고영희 님
지금 막 활짝 꽃망울을 터트린 산수유를 만나고 왔습니다. 며칠 전 마지막 심술을 부리던 매서운 꽃샘추위를, 입을 꼬옥 다물고 파르르 떨며 야무진 모습으로 견뎌내더니 지금 샛노랗게 피어나 활짝 웃고 있네요. 제 마음도 활짝 열렸습니다.

웬만하면 참자
안현주 님
이제 웬만하면 남편에게 좋은 말만 하겠습니다. 언제나 불평투성이인 우리 부부. 웬만하면 제가 먼저 참겠습니다. 아이들이 하루 종일 공부하지 않아도 웬만하면 참고 기다려 보겠습니다. 언젠가는 공부하는 날이 오겠지요.

한 걸음만 빨리 움직이자

솔바람 님
"당신의 동의 없이는 아무도 당신을 열등감에 빠트릴 수 없다." –엘리노어 루즈벨트

차분히 님
단순해지기 위해 정리하라는 말은 목표와 원칙을 세우라는 뜻으로 받아들여지는군요. 너무 주변을 의식하고 거기에 맞추다 보면 복잡해지니까요. 단순함이 오히려 결국에는 문제 해결에 도움이 되더군요. 그것은 많은 시행착오를 통해 나이 들면서 어슴푸레 깨닫게 되었지요.

나를 찾자

윤복순 님
《천국에서 만난 다섯 사람》에서 주인공은 사후에 생전에 인연이었던 사람들을 차례로 만나더군요. 부부의 인연도 있었고 친구의 인연도 있었고 부모자식 간의 인연도 있었지요. 우리는 많게든 적게든 모든 사람들과 인연 맺어가며 살더군요. 그 모두는 내가 존재하므로 가능한 일이고 나로 인해 펼쳐지는 세계이더군요. 나를 사랑하는 일이 결국 모두를 사랑하는 일임을 이제사 깨닫습니다.

혼이 담긴 눈빛으로 바라보자

맑은아침 님
다친 이후로 병원 가는 것 외엔 한 달 열흘 동안 외출이 자유롭지 못했는데, 어제 큰맘 먹고 혼자 목욕 다녀오는 길에 온갖 잡동사니 수북한 우물가 쓰레기 더미 담벼락 옆에 샛노랗게 피어 있는 민들레를 보았지요. 고개를 빳빳하게 쳐들고 나를 좀 보라는 듯이…… 보도블록 틈새에서 노란 얼굴 쏙 내밀어 사람을 깜짝 놀래키는 재주가 있는 꽃. 그래 봐줄게 봐주고말고. 예전 같으면 한참을 쪼그려 앉아서 바라보았겠지만 쪼그려 앉지도 못하는 뻗다리로 목발 짚고 서서 사랑의 눈으로 한참을 바라보았지요.

눈물을 흘리자

최다나 님
어린 시절 야단을 맞으면서 만화 보며 울었고, 처녀 시절엔 사랑을 하면서 영화 보며 울

었고, 결혼을 하고는 부부 싸움을 하면서, 아이 키우면서 울었습니다. 슬프고 억울하고 속상하고 해서 그냥 울었습니다. 남편이 천국에 가던 날, 나 혼자 두고 가는 게 무정하고 기가 막히고 불쌍해서 목 놓아 울었습니다. 그날 처음으로 통곡하며 속이 시원하도록 울었던 것 같습니다. 내 설움만, 아무 느낌도 없이. 이제는 그렇게 울지 않겠습니다. 이웃의 아픔과 고통을 같이 나누며 울고, 사랑과 정을 나누며 기쁨의 눈물을 흘리겠습니다.

봄날 님

고통과 아픔을 겪어보지 않으면 타인의 고통을 이해하지 못합니다. 타인의 아픔을 향한 눈물은 타인의 고통에 대한 공감의 표현입니다. 또한 그 스스로가 자신의 고통으로 인해 그만큼 성숙해지고 그 고통을 승화시킬 수 있었다는 이야기가 아닐런지요. 물이 모든 것을 씻어내듯이, 눈물은 자신과 타인을 함께 정화하는 힘이 있지요.

마무리를 잘하자

samoa 님

"오늘은 내 남은 인생의 첫날이다." 영화 〈아메리칸 뷰티〉에서 주인공인 남자가 총에 맞아 죽으면서 한 말입니다. 그렇다면 오늘은 시작인 동시에 끝이 된다는 말이겠습니다. 영원한 것은 아무것도 없지만 시작하지 않을 수도 없습니다.

옥동산 님

어느 날 문득 이렇게 살아도 되나 의문이 들면서 이제 칠십이 된 나이에 좀 편히 살면 어때? 스스로 자위해 보지만 인생은 나이만큼 빨리 간다는 생각에 소름이 끼칩니다. 70km의 속력으로 세월은 가는데, 가는 날 이렇게 떠나는 거야? 이렇게 이별하는 거야? 독백하지 않을까 염려 됩니다.

행복 바이러스가 되자

김용휘 님

내 비록 작은 지식일지라도, 내 비록 보잘것없는 능력일지라도, 내 비록 겨우 지푸라기 한 올 당길 수 있는 힘일지라도, 타인을 위해 베풀 수 있다면 이것이 바로 행복을 전하는 바이러스가 아닌가 생각합니다.

다시 시작하자

김지현 님

주무시다 갑자기 가신 할아버지 장례를 치르고 내려오면서 딸아이가 그러더군요. 오늘 이렇게 살고 있지만 내일 하느님이 부르실지 모른다고요. 다음날, 기절하지 말고 보라는 편지를 써놨더군요. 잘 다니고 있는 학교를 자퇴하고 정말 하고 싶은 일 하겠다고, 일 년만 기회를 달라고요. 정말 청천벽력과 같은 말이었지만 평생 후회하지 말라고 어쩔 수 없이 허락했어요. 아침마다 무거운 책가방 메고 재수학원으로 향하는 딸아이에게 다시 시작했으니 잘 해봐라, 열심히 해봐라, 너를 믿는다, 내년의 멋진 모습을 기대한다는 말을 한 번도 안 했어요. 다시 시작한 용기 있는 딸에게 사랑의 말로 "화이팅!" 해줘야겠네요.

이서종 님

개인이 범할 수 있는 가장 큰 실수는 자신이 절대 실수를 범할 수 없다고 착각하는 실수입니다. 그러나 감사한 것은 실수하는 자들을 위하여 하나님이 지우개를 예비하셨다는 것입니다. 계획과 비전을 굳게 신뢰하였다가 그 꿈이 산산조각난 자들을 위하여 하나님은 지우개를 준비하고 계십니다. 하나님이 지우개로 우리의 실수를 지우시는 과정이 아무리 고통스럽다 할지라도 그분의 지우개를 과소평가해서는 안 된다는 것을 저는 경험에서 배웠습니다.

꿈 너머 꿈

해수 님

나의 일터인 수영장에 종종 수영하러 오는 6학년 소년이 있습니다. 여동생과 삼촌이 함께 오는데, 수영이 끝나고 여동생을 기다리면서 얘기도 먹을 것도 나눴습니다. "정민이는 앞으로 무엇이 되고 싶니?" "경찰이 되고 싶어요." 그리고 소년이 내게 되물었습니다. "아줌마는 무엇이 되고 싶으셨어요?" 그때 나는 숨이 콱 막혔습니다. 나는 무엇을 꿈꾸며 살아왔었던가? 지난날들이 영상의 필름처럼 휘익 감기는 것이었습니다. 내가 꿈꾸었던 수많은 날들은 무엇이었을까? 화두를 던졌습니다. 손자 같은 소년이 내게…….

새벽샘물 님

봄이 오니 겨울은 저절로 갔습니다. 아침이 오고 해가 떠오르니 밤은 자연히 자리를 내

주었습니다. 스스로 행복을 가꾸면 어둠과 불행은 저절로 자리를 비키겠지요? 각각의 꽃들이 각각의 아름다움과 향기를 발하듯.

잃어버린 여행 노트

고도원 님

기자 시절, 어느 날 다른 부서로 발령을 받아 커다란 마대 포대(가마니보다 큰 포대자루) 두 개에 평생을 끌고 다니던 '독서노트'를 가득 담아 새 부서의 제 의자 옆에 옮겨 두었지요. 발령 나자마자 바쁜 일이 있어, 짐정리를 바로 하지 못했는데, 이틀 후 아침에 출근해보니, 아 글쎄 그 포대자루가 안 보이는 것 아닙니까. 칼끝에 찔린 사람처럼 청소 하시는 아줌마를 미친 듯이 찾았습니다. 아니, 아니, 쓰레기인 줄 알고 청소차에 버렸다지 뭡니까. 하늘이 노랗더라고요. 정말, 그 자리에 주저앉고 말았지요. 아니 그냥 앉아 있을 수가 없었습니다. 다시 벌떡 일어나 물어물어 난지도 쓰레기 매립장까지 찾아가 천지사방을 뒤졌으나 허사였고, 저는 다시 완전히 실성한 사람처럼 되고 말았습니다. 그 후유증이 꽤 오래 갔던 기억이, 새롭습니다.

이미자 님

남편이 3년 군복무 시절 하루도 빠지지 않고 보낸 편지, 음악 이야기, 시와, 소설…… 나중에 아이들 크면 보여주겠다고 미국으로 가지고 왔지요. 부득이한 사정으로 다른 주로 급하게 이사 오면서 택배로 부쳤어요. 그러나 한 달이 가고 두 달이 가고, 우리는 우체국으로 전화했지만 기다리라는 말뿐. 소중한 아이들의 사진이며 태어났을 때 아이가 입었던 옷, 그 해 신문 모두 사라져버렸어요. 가슴앓이를 했어요. 잃어버렸던 그 해 저희들은 수저 하나 없이 시작한 생활이었어요. 지금은 이렇게 이야기를 할 수 있는 걸 보면 안정이 된 것이지요. 사진 대신 어린 시절 아이들의 이야기를 더 많이 품고 있답니다.

바아다 님

네다섯 살의 계집애일 때 다리 난간에 걸터앉았다가 일어나니 내 치마 안에 있던 복숭아가 개울물 속으로 떨어져버리고 말았습니다. 그 때의 그 아까움……. 지금 50대 후반에 눈물로 남편의 병상을 지키고 있습니다. 잃어버릴까봐, 정말 잃어버리면 어쩌나, 어떻게 잡아야 하나, 맨발로 바이칼 호 그 얼음장 위를 조심조심 걷습니다. 자식들이 아버지의 침대에 둘러앉아 있으면 심호흡 하듯 병원 휴게실의 유료 컴퓨터로 신영길 님의 글과 댓글들을 읽었습니다. 이 호사에 감사드립니다.

고도원의 아침편지
'신영길의 길따라 글따라' 바이칼 여행기

나는 연 날리는
소년이었다

초판 1쇄 발행 2007년 3월 30일
초판 5쇄 발행 2010년 5월 3일

지은이 | 신영길
펴낸이 | 한 순 이희섭
펴낸곳 | 나무생각
편집 | 정지현 이은주 **디자인** | 이은아
마케팅 | 김종문 이재석 **관리** | 김하연

출판등록 | 1998년 4월 14일 제13-529호
주소 | 서울특별시 마포구 서교동 475-39 1F
전화 | (02) 334-3339, 3308, 3361 **팩스** | (02) 334-3318
이메일 | tree3339@hanmail.net
홈페이지 | www.namubook.co.kr

ⓒ신영길·아침편지문화재단, 2007
ISBN 978-89-5937-130-3 03810

값은 뒤표지에 있습니다.
잘못된 책은 바꿔 드립니다.